Total alles über Kärnten

The Complete Carinthia

Herausgegeben mit freundlicher Unterstützung des
Printed with generous support from

Kärntner
Wirtschaftsförderungs
Fonds

KWF I Kärntner Wirtschaftsförderungs Fonds
KWF I Carinthian Economic Promotion Fund
www.kwf.at

Mit großem Dank an / Special thanks to **Eva Hafner.**

Auch bei Folio erschienen / Also available from Folio:

Hermann Gummerer / Franziska Hack / no.parking:
Total alles über Südtirol / Alto Adige - Tutto di tutto / The Complete South Tyrol

Martin Wittmann / no.parking:
Total alles über Bayern / The Complete Bavaria

Sonja Franzke / no.parking:
Total alles über Wien / The Complete Vienna (pocket edition)

Susann Sitzler / no.parking:
Total alles über die Schweiz / The Complete Switzerland

Jens Schäfer / no.parking:
Total alles über den Schwarzwald / The Complete Black Forest

Sonja Franzke / no.parking:
Total alles über Österreich / The Complete Austria

1. Auflage / 1st edition 2022

Idee & Konzept / Idea & Concept:
Hermann Gummerer, no.parking
Translation into English: Jennifer Taylor
Lektorat / Proofreading: Hermann Gummerer,
Joe Rabl, Daniel Ostermann
Grafik und Umbruch / Graphic design: no.parking, Vicenza
Prepress: Typoplus, Frangart
Printed in Europe
ISBN 978-3-85256-855-3
www.folioverlag.com

Marlene Pobegen / Günther Staudinger * Infographics: no.parking
In Zusammenarbeit mit / In collaboration with: Hermann Gummerer

TOTAL ALLES ÜBER KÄRNTEN

THE COMPLETE CARINTHIA

Folio

Inhalt
Index

ABC

Die Autor*innen / Marlene Pobegen, geboren und aufgewachsen in Klagenfurt. Studium der Unternehmensführung, heute in der Buchbranche tätig. Lebt in Wien, ist aber nach wie vor regelmäßig in ihrer Heimat anzutreffen. **Günther Staudinger**, geboren in Linz. Studium der Geschichte und Germanistik. Seit 30 Jahren Wahlkärntner und in der Buchbranche tätig. Co-Autor mehrerer Bücher zu Kärntner Themen, zuletzt *Sprechen Sie Kärntnerisch?*. Lebt in Kärnten und Wien.

The authors / Marlene Pobegen, born and raised in Klagenfurt. Studied business management, now working in publishing. Lives in Vienna but still spends time in her hometown. **Günther Staudinger**, born in Linz. Studied history and German language & literature. Carinthian by choice for the past 30 years, works in publishing. Co-author of several books on Carinthian topics, most recently *Sprechen Sie Kärntnerisch?* Lives in Carinthia and Vienna.

Die Gestalterinnen / no.parking ist eine Agentur für Kommunikation und Gestaltung in Vicenza: Vier Frauen switchen zwischen deutschem und italienischem Kulturraum hin und her und begreifen Design als etwas, das unser Leben schöner macht, nützlich ist und allen zugänglich sein sollte. www.noparking.it

The graphic designers / no.parking is an agency for communication and design based in Vicenza. The four women who make up the team switch back and forth between the German and Italian cultural realms and view design as something that makes our lives more beautiful, something that is useful and should be accessible to all. www.noparking.it

Der Co-Autor / Hermann Gummerer studierte Germanistik und Philosophie und ist Mitbegründer und Co-Verleger des Folio Verlags.

The co-author / Hermann Gummerer studied German language & literature and philosophy and is co-founder and co-owner of the Folio publishing house.

KÄRNTEN EINMAL ANDERS BETRACHTET
A NEW WAY OF LOOKING AT CARINTHIA

von oben / from above

im Profil / in profile

die Bewohner / the inhabitants

die Fakten / the facts

„Total alles über Kärnten". Ein Buch mit einem solchen Titel setzt sich zuallererst dem Verdacht der Anmaßung aus. Wer vermag schon „alles" über ein ganzes Bundesland zusammenzutragen? Über Kärnten! Seine Politik, Wirtschaft, Kultur, Sprache. Begegnen einem doch in allen Lebensbereichen Besonderheiten, die das gesamte Spektrum zwischen Wirklichkeit, Vorurteil und Klischee umfassen – ein die Grenzen sprengendes Projekt. Ja, selbst der Begriff *Grenze* hat in Kärnten ... – aber lassen wir das.
Wir sind dennoch zu dieser Entdeckungsreise der besonderen Art aufgebrochen: Haben hingehört, hingeschaut, uns hineingefühlt, die Sonnenbrille ab- und die Lupe in die Hand genommen. Wir sind auf Bekanntes und weniger Bekanntes gestoßen, auf nackte Tatsachen und unnützes Wissen. Manchmal haben wir uns aufs Wesentliche beschränkt, manchmal Details herausgekitzelt.
Das Ergebnis unserer Recherche ist nicht in viele Worte gefasst, sondern – und das ist das Besondere an diesem Buch – in Infografiken verpackt. Trockene Materie ist spielerisch und unterhaltsam in Szene gesetzt. Selbst vertraute Themen erscheinen so in neuem Licht. Es erwartet Sie Erstaunliches, Enthüllendes, Merkwürdiges, auch Gewöhnliches, stets begleitet von einem Augenzwinkern. Und das Ganze sogar mehrsprachig!

"The Complete Carinthia". A book with a title like that might at first seem presumptuous. Who can ever really claim to have "complete" knowledge about an entire province? About Carinthia! Its politics, economy, culture, language. Anyone attempting such a thing will have to distinguish the reality from prejudices or clichés in all areas of life – making for a project that pushes the boundaries. Indeed, even the term "boundary" has a special meaning in Carinthia ... but let's just leave it at that.
We nevertheless ventured on this very special voyage of discovery: listening, looking, feeling our way around, taking off our sunglasses and picking up a magnifying glass. We came across well-trodden terrain and areas that are rarely explored, the bare facts and useless titbits. Sometimes we limited ourselves to the essentials, and sometimes we teased out the details.
Instead of putting the results of our research into so many words – and this is what is special about this book – we packed them into infographics. Dry facts are given a playful and entertaining showcase, so that even familiar themes shine forth in a new light. Look forward to joining us on a journey that is by turns astonishing, revealing, strange, even ordinary – always with a wink of the eye. And what's more: in multiple languages!

Die Autor*innen / The authors
Die Gestalterinnen / The graphic designers

Kärntn is lei ans*
There is only one Carinthia

Kärnten ist das südlichst gelegene Bundesland Österreichs sowie das mit den meisten Seen – und es wird dort viel und gerne gesungen. / Carinthia is the southernmost province of Austria and the one with the most lakes – and people there love singing.

Wer nach Kärnten will, muss (fast) immer über einen Pass.
To reach Carinthia, you (almost) always have to cross a pass.

* Kärnten gibt es nur das eine.

Hinweisschild in Wien – das gibt's sonst für kein anderes Bundesland.
The only province to have a signpost like this in Vienna.

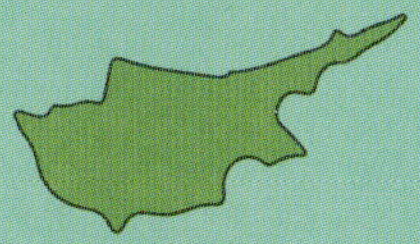

Zypern / Cyprus
9.251 km²

Kärnten / Carinthia
9.537 km²

Libanon / Lebanon
10.452 km²

Ein Bundesland voller Farben
A colourful province

Neben den offiziellen Landesfarben – Gelb, Rot, Weiß – gibt es in Kärnten noch andere Farbkombinationen, die (fast) jede und jeder kennt. / Besides the official provincial colours – yellow, red, white – there are other colour combinations in Carinthia that (almost) everyone knows.

Einzige 3-farbige Landesflagge Österreichs
Austria's only province with a tricolour flag

Fundermax
woodworking company

Ironman

GTI-Treffen
GTI meeting

Villacher Bier
beer

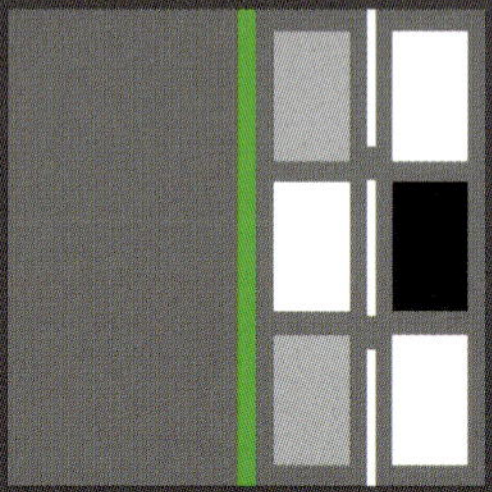

Stau vor Karawankentunnel
traffic jam, Karawanks Tunnel

Speisesegnung am Karsamstag
blessing of food on Holy Saturday

Hirter Bier
beer

Hermine Wech
quality poultry

Villacher Fasching
Villach Carnival

Reindling
rolled yeast cake

Hirter Malzmandl
soft drink

KABEG
company operating the Carinthian hospitals

VSV
ice hockey team

KAC
ice hockey team

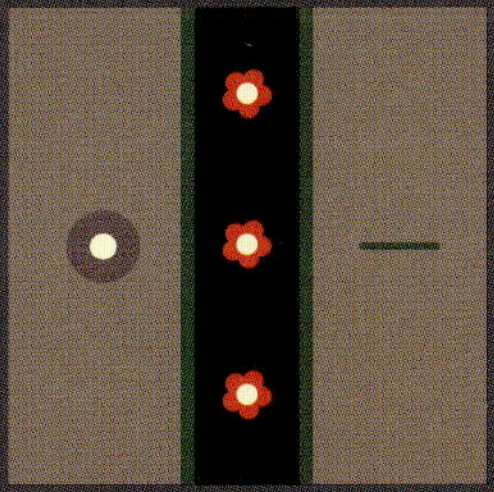

Kärntner Anzug
traditional Carinthian suit

Gurktaler Alpenkräuter
alpine herbal liqueur

Stroh-Rum
"The Spirit of Austria"

Kleine Zeitung
newspaper

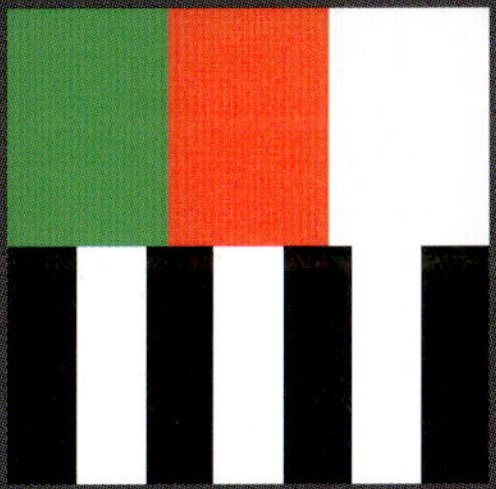

WAC
football club

Wörthersee
Lake Wörth

Lebensraum Kärnten
The Carinthian habitat

Wie die Kärntner*innen ihr Land nutzen / How Carinthians use their land

9.536,64 km²
Gesamtfläche / Total area

25,75 %
Dauersiedlungsraum (agrawirtschaftlich, baulich und verkehrsmäßig genutzte Fläche)
Permanent settlement area (land used for agriculture, construction and transport)

223,08 km²
Grünfutterpflanzen, v. a. Silo-und Grünmais, Wechselwiesen
Green fodder crops (esp. silage and green maize, temporary pastures)
2,3 %

588,72 km²
Ackerland
Arable land
6,2 %

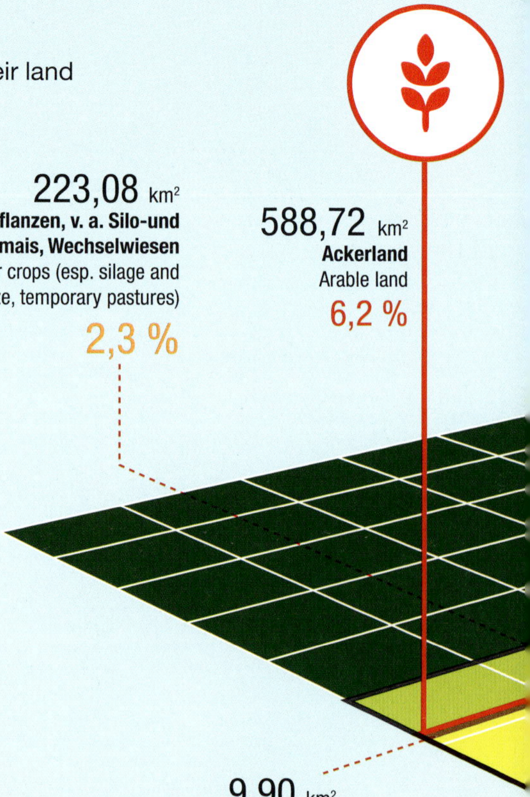

9,90 km²
Hackfrüchte und Eiweißpflanzen
Root crops and protein crops
0,1 %

296,62 km²
Getreide (ca. 50 % Körnermais)
Cereals (approx. 50 % grain maize)
3,1 %

Einwohner pro km² Dauersiedlungsraum (Bevölkerungsdichte)
Population per km² of permanently settled area (population density)

1.198
Klagenfurt-Stadt / Klagenfurt City

1.087
Villach-Stadt / Villach City

240
Villach-Land / Villach-Land district

218
Spittal a. d. Drau

214
Klagenfurt-Land / Klagenfurt-Land district

182
Feldkirchen

152
Wolfsberg

143
Hermagor

128
Völkermarkt

120
St. Veit an der Glan

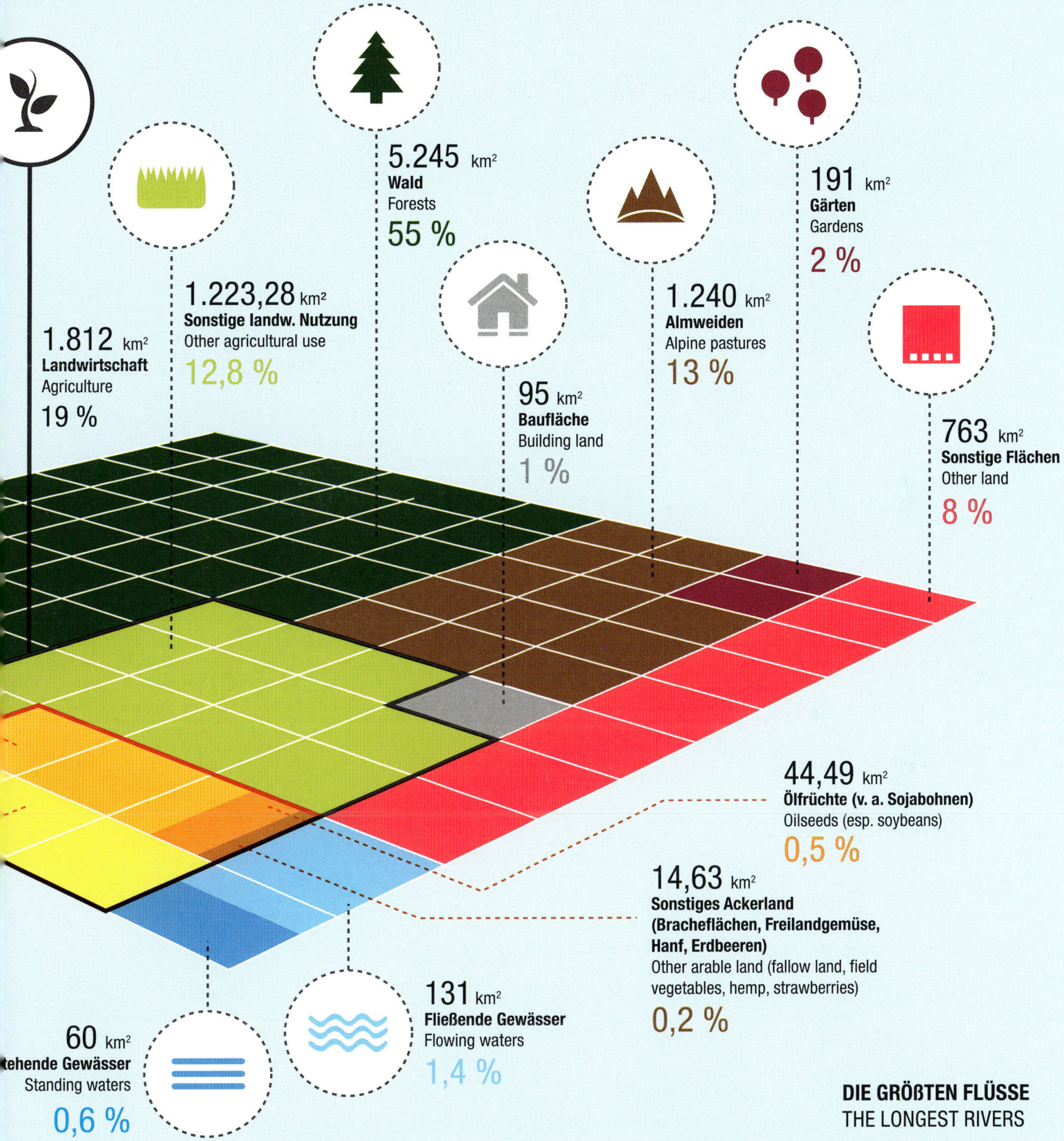

DIE GRÖßTEN FLÜSSE
THE LONGEST RIVERS

24 Stunden
24 hours

Was sich so alles im Lauf eines Tages in Kärnten ereignet. / Things that happen on an average day in Carinthia.

12
Kinder kommen auf die Welt.
children are born.

6
Kinder kommen unehelich auf die Welt.
children are born out of wedlock.

7
Ehen werden geschlossen.
weddings take place.

3
Ehen werden geschieden.
divorces are finalised.

90.000 €
werden für Umweltausgaben aufgewendet.
is spent on environmental protection.

5 h
scheint die Sonne.
of sunshine.

75.000 €
Kirchenbeitrag wird bezahlt.
in church taxes are collected.

1
Person tritt in die katholische Kirche ein.
person becomes a member of the Catholic Church.

0,5
Personen treten in die evangelische Kirche ein.
people become members of the Protestant Church.

10
Personen treten aus der katholischen Kirche aus.
people leave the Catholic Church.

2
Personen treten aus der evangelischen Kirche aus.
people leave the Protestant Church.

9
Kinder werden getauft.
children are baptised.

655 t
Haushaltsabfälle werden gesammelt.
of household rubbish is collected.

525
Menschen besuchen Bibliotheken.
people go to libraries.

1.900
Menschen gehen ins Kino.
people go to the cinema.

3,5
Häuser werden gebaut.
houses are built.

10
Wohnungen werden neu geschaffen.
apartments are created.

209.886
Personen sind unselbstständig erwerbstätig.
people work as wage earners.

Die meisten Werte bzw. Durchschnittswerte beziehen sich auf die Zeit vor der Corona-Pandemie.
Most of these figures or averages apply to the period before the COVID-19 pandemic.

880
Personen besuchen den Pyramidenkogel.
people visit the Pyramidenkogel observation tower.

125.000 €
werden für Straßenverwaltung aufgewendet.
is spent on road administration.

7
Straßenverkehrsunfälle mit Personenschaden passieren.
traffic accidents happen where people are injured.

9
Personen werden bei eine Straßenverkehrsunfall verl
people are injured in a traffic accident.

105 €
Bruttoregionalprodukt werden pro Kopf erarbeitet.
per capita is earned the gross regional product.

6,5
Unternehmen werden neu gegründet.
companies are founded.

1
Firma meldet Insolvenz an.
company applies for insolvency.

17.028.647 €
Warenwert wird importiert.
worth of goods are imported.

18.754.900 €
Warenwert wird exportiert.
worth of goods are exported.

2
Privatpersonen melden Insolvenz an.
people become insolvent.

0,2
Patente werden angemeldet (0,07 erteilt).
patents are registered (0.07 are granted).

17
Ausländer*innen wandern nach Kärnten ein.
foreigners immigrate to Carinthia.

10
Kärntner*innen wandern ins Ausland aus.
Carinthians emigrate abroad.

1,5
Betretungsverbote werden ausgesprochen.
access bans are pronounced.

1
Mensch wird eingebürgert.
person is naturalised.

1.200.000
Arbeitsstunden werden entlohnt.
work hours are paid.

635.350 l
Kuhmilch werden gemolken.
of cow's milk is produced.

367.123
Eier werden konsumiert.
eggs are consumed.

163.000 l
Bier werden getrunken.
of beer are consumed.

40.000 l
Wein werden getrunken.
of wine are consumed.

74 kg
***Strankalan* (Fisolen) werden geerntet.**
of green beans are harvested.

13.888.900 kWh
elektrische Energie werden verbraucht.
of electric energy is consumed.

48
Autos werden neu zugelassen.
cars are registered.

26
Führerscheine werden ausgestellt.
driver's licences are issued.

4 €
Grundsteuer pro Kopf wird bezahlt.
in real estate tax is paid per capita.

0,016
Morde werden begangen.
murders are committed.

0,3
Personen begehen Suizid.
people commit suicide.

20
Arbeitsunfälle
work accidents occur.

95.086
Personen fahren mit Bussen.
people take the bus.

35.200 km
legen Busse der öffentlichen Linien zurück.
are covered by public buses.

1.535.670
Zigaretten werden geraucht.
cigarettes are smoked.

310
Menschen machen eine Vorsorgeuntersuchung.
people get a preventive check-up.

10
Menschen erkranken an Krebs.
people fall ill with cancer.

16,5
Menschen sterben.
people die.

Wo geht's hier zur Kärntner Straße?

How do I get to Kärntner Strasse?

Eine Spurensuche rund um die Welt zeigt: An Kärnten führt kein Weg vorbei! / A search for clues all over the world shows that there's just no getting around Carinthia!

Italien / Italy

—

Via Carinzia
Chiusaforte
Lignano
Opicina
Rimini
San Giorgio di Nogaro
Spilimbergo
Udine

Kroatien / Croatia

—

Koruška Ulica
Križevci

Spanien / Spain

—

Avinguda de Caríntia
La Selva del Camp

Serbien / Serbia

—

Koruška
Beograd
Susek

Australien / Australia

—

Carinthia Lane
Coogee

Südafrika / South Africa

—

Carinthia Road
Durban

USA

—

Carinth Way
Henderson, Nevada

Carinthia Court
Incline Village, Nevada

Carinthia Drive
Dayton, Ohio
Whittier, California

Carinthia Lane
Carinthia Road
Carinthia Way
Dover, Vermont

Carinthia Street
Roscommon, Michigan

Southwest Carinthia Circle
Wilsonville, Oregon

Deutschland / Germany

—

Kärntenstraße
Bamberg
Braunschweig
Dortmund

Kärntner Platz
Haltern
Hannover / Hanover
München / Munich

Kärntner Weg
Dresden
Düsseldorf
Freiburg
Köln / Cologne
Rosenheim
Schwäbisch Hall

Neue Kärntner Straße
Panketal

—

Kärntner Straße
Aurachtal
Berlin
Bremerhaven
Dachau
Freudenstadt
Grasbrunn
Halle
Hechingen
Herzogenaurach
Karlsruhe
Kreuztal
Lauf an der Pegnitz
Leonberg
Ludwigsburg
Ludwigshafen
Malsch
Meiningen
Mönchengladbach
Münster
Nürnberg / Nuremberg
Oldenburg
Panketal
Rostock
Schorndorf
Stade
Stuttgart
Syrgenstein
Wain
Wiesbaden
Wilhermsdorf
Wuppertal

Österreich / Austria

—

Carinthiastraße
Schwarzau

Kärntner Durchgang
Kärntner Ring
Kärntner Straße
Kärntnertorpassage
Wien / Vienna

Kärntner Gasse
Mödling

Kärntner Straße
Graz
Innsbruck
Knittelfeld
Köflach
Leoben
Lienz
Linz
Neumarkt
Scheifling
Seiersberg
St. Michael
Stainz
Unzmarkt
Weißkirchen
Wildon

Slowenien / Slovenia

—

Koroška Bela
Jesenice

Koroška Cesta
Bled
Dravograd
Kranj
Maribor
Muta
Radlje ob Dravi
Ravne na Koroškem
Šoštani
Tržic
Velenje

Koroška Ulica
Kranjska Gora
Lesce
Ljubljana
Ruše
Slovenj Gradec

Blick in den Maschinenraum
A peek into the engine room

Was sich unter der Wirtschafts-Motorhaube Kärntens so tut. / What's going on under the bonnet in Carinthia's economy.

Flächenanteil / Share of total area

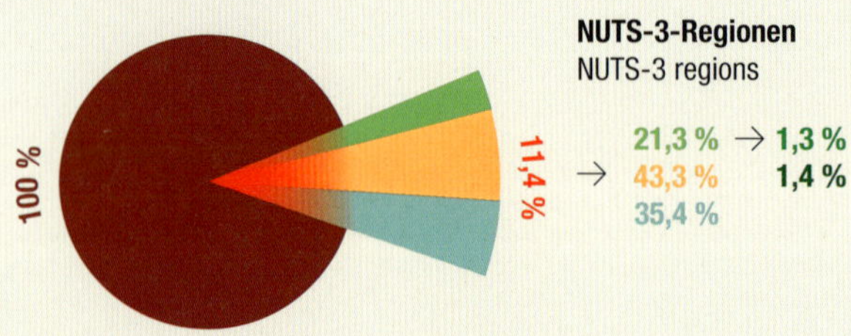

Bevölkerungsanteil / Share of the population

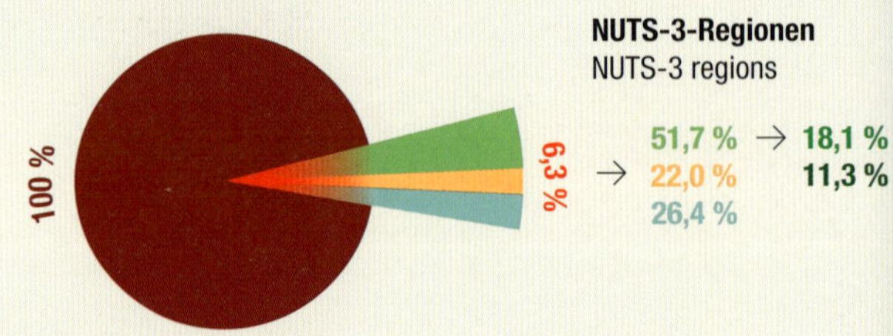

Unselbstständig Beschäftigte / Employed persons

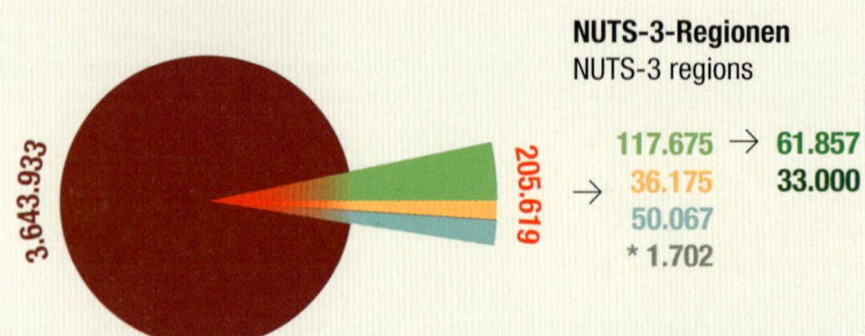

*** regionsübergreifend**
across regions

Geringfügig Beschäftigte / Part-time employees

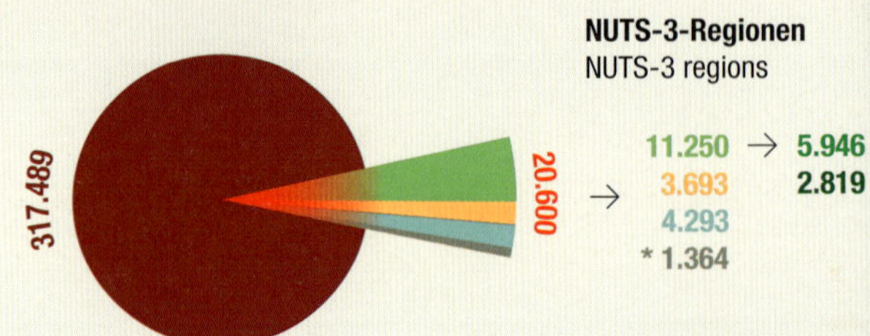

*** regionsübergreifen**
across regions

Arbeitslose / Unemployed

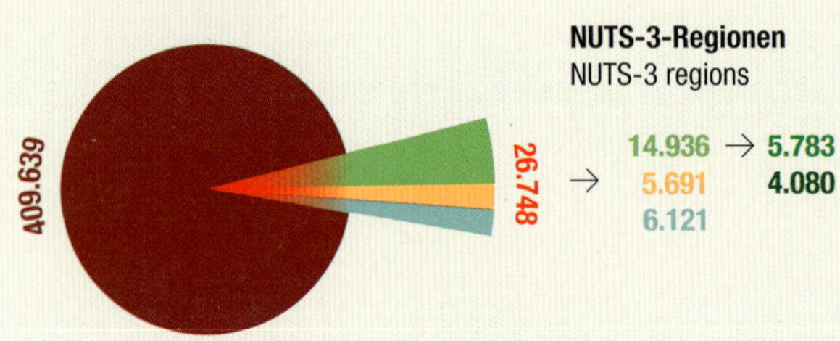

Arbeitgeber / Employers

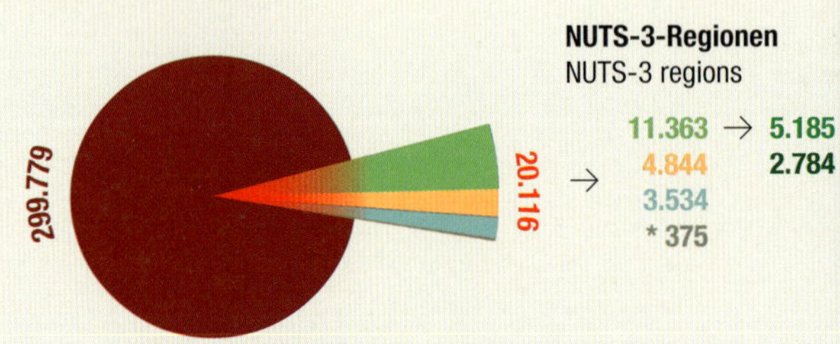

*** Arbeitgeber beschäftigen Personen in mehreren Regionen.**
Employers operating in several regions.

NUTS-3-Regionen / NUTS-3 regions

Legende
Legend

Österreich Austria → **Kärnten** Carinthia

Klagenfurt-Villach inkl. / incl. **Klagenfurt-Stadt Villach-Stadt** → **Oberkärnten** Upper Carinthia → **Unterkärnten** Lower Carinthia

Klagenfurt-Stadt → **Villach-Stad**

NUTS: Nomenclature des unités territoriales statistiques

inwohner/km² / Inhabitants/km²

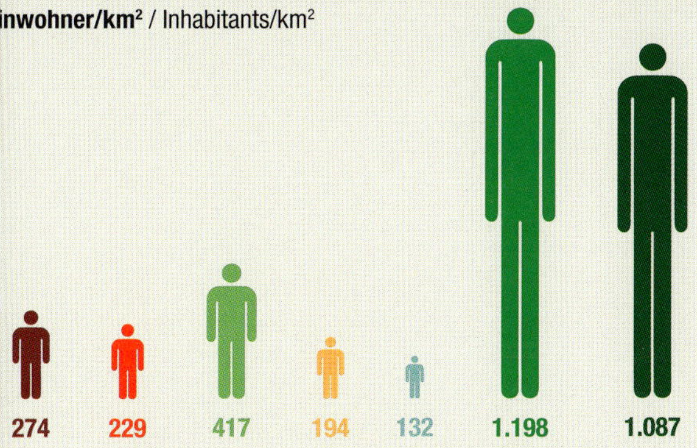

Prognostizierte Bevölkerung 2030 (Veränderung in % gegenüber 2021)
Projected population in 2030 (% change from 2021)

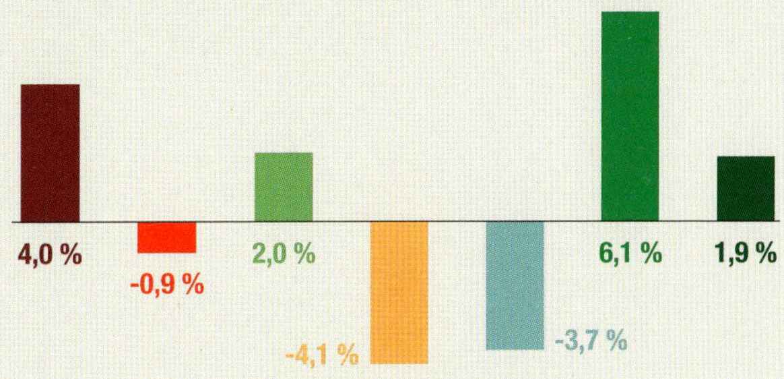

ehrlinge / Apprentices

NUTS-3-Regionen
NUTS-3 regions

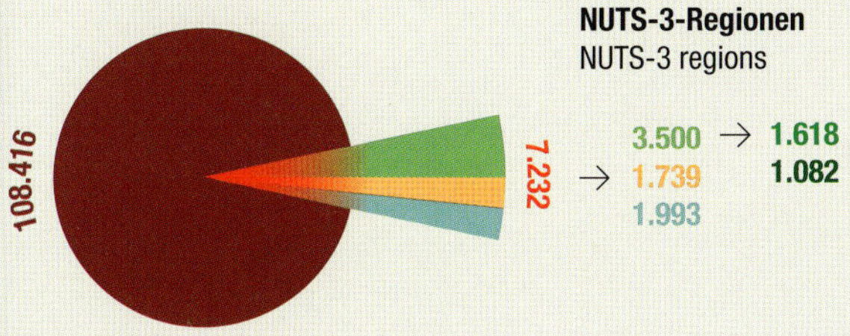

Lehrlinge pro 1.000 unselbstständig Beschäftigte
Apprentices per 1,000 employees

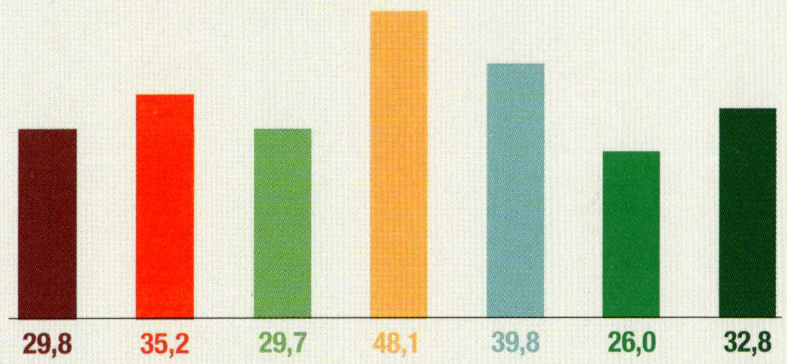

Wie viele unselbstständig Beschäftigte arbeiten in ... / How many employees work in ...

Kleinbetrieben (1–9 Beschäftigte)?
small businesses (1–9 employees)?

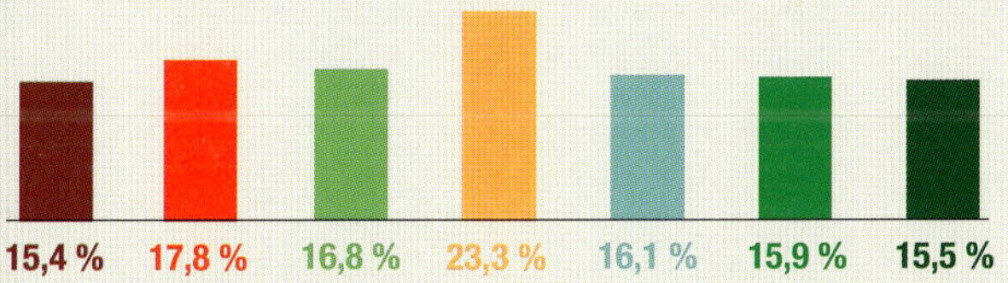

... Großbetrieben (>250 Beschäftigte)?
... large companies (>250 employees)?

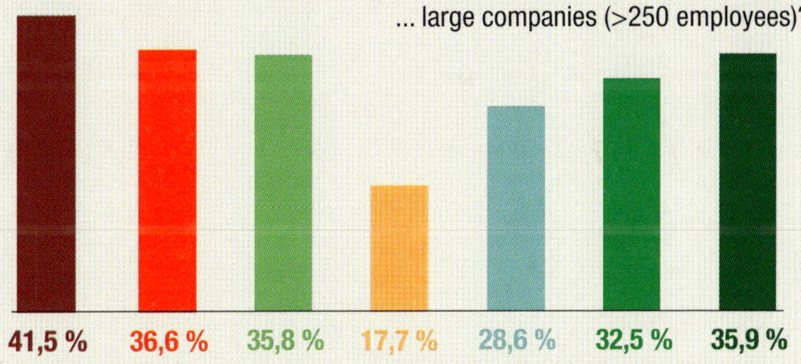

irtschaftskraft / Economic clout

% verdienten 2019 weniger als ...
% earned less in 2019 than ...

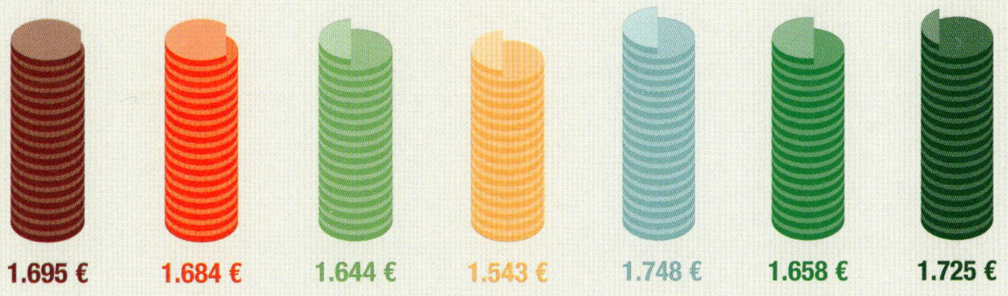

% verdienten 2019 mehr als ...
% earned more in 2019 than ...

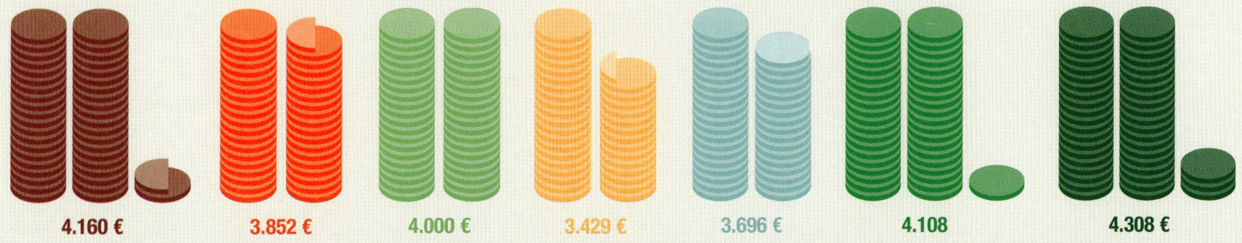

Land der 1.000 Seen
Land of 1,000 lakes

Untertrieben – genau genommen sind es 1.270 Seen. Jeder einzelne hat seine Vorzüge, 10 näher betrachtet. / Understatement – to be precise, there are 1.270 lakes and each one has its merits. A closer look at 10 of them.

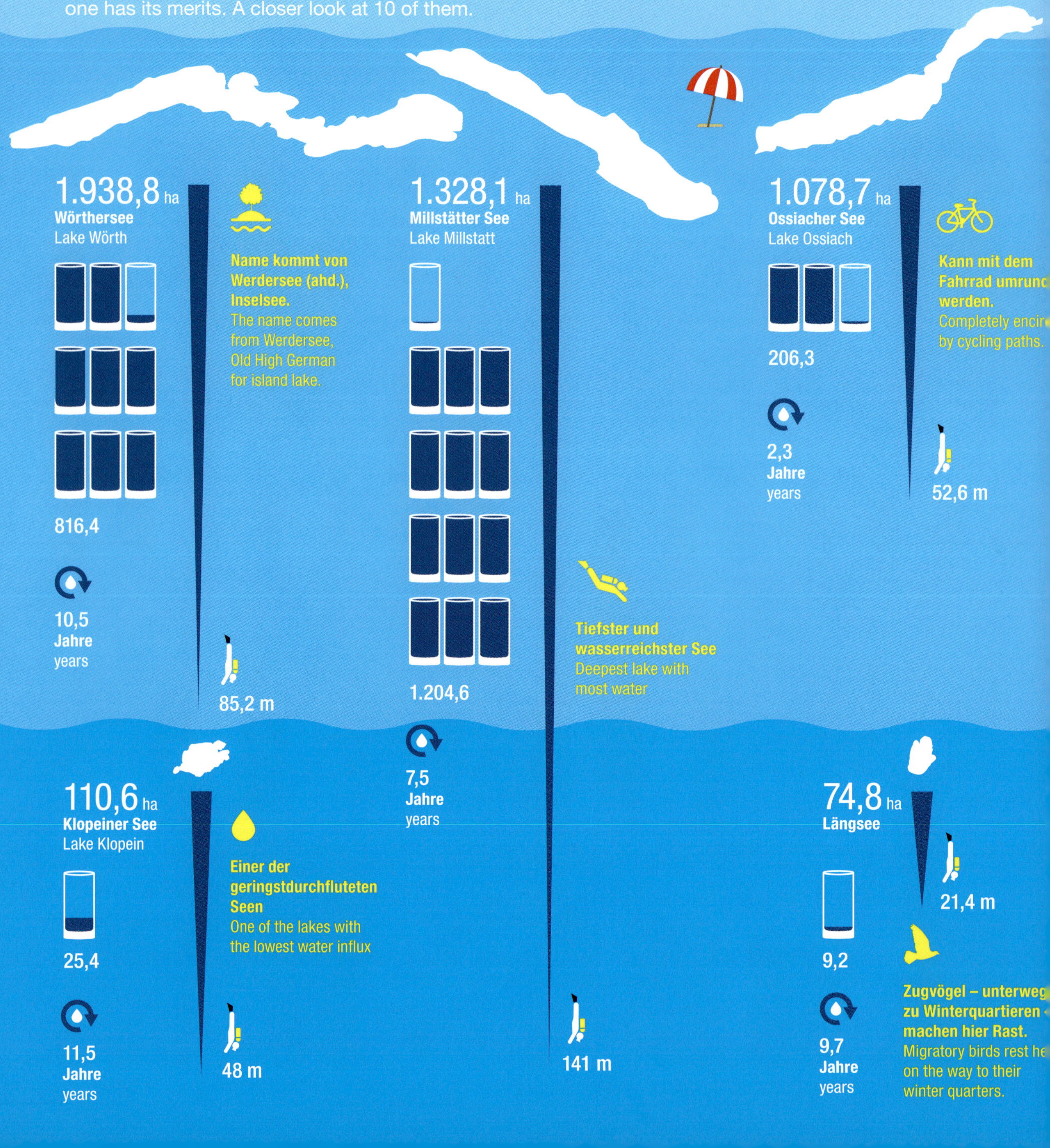

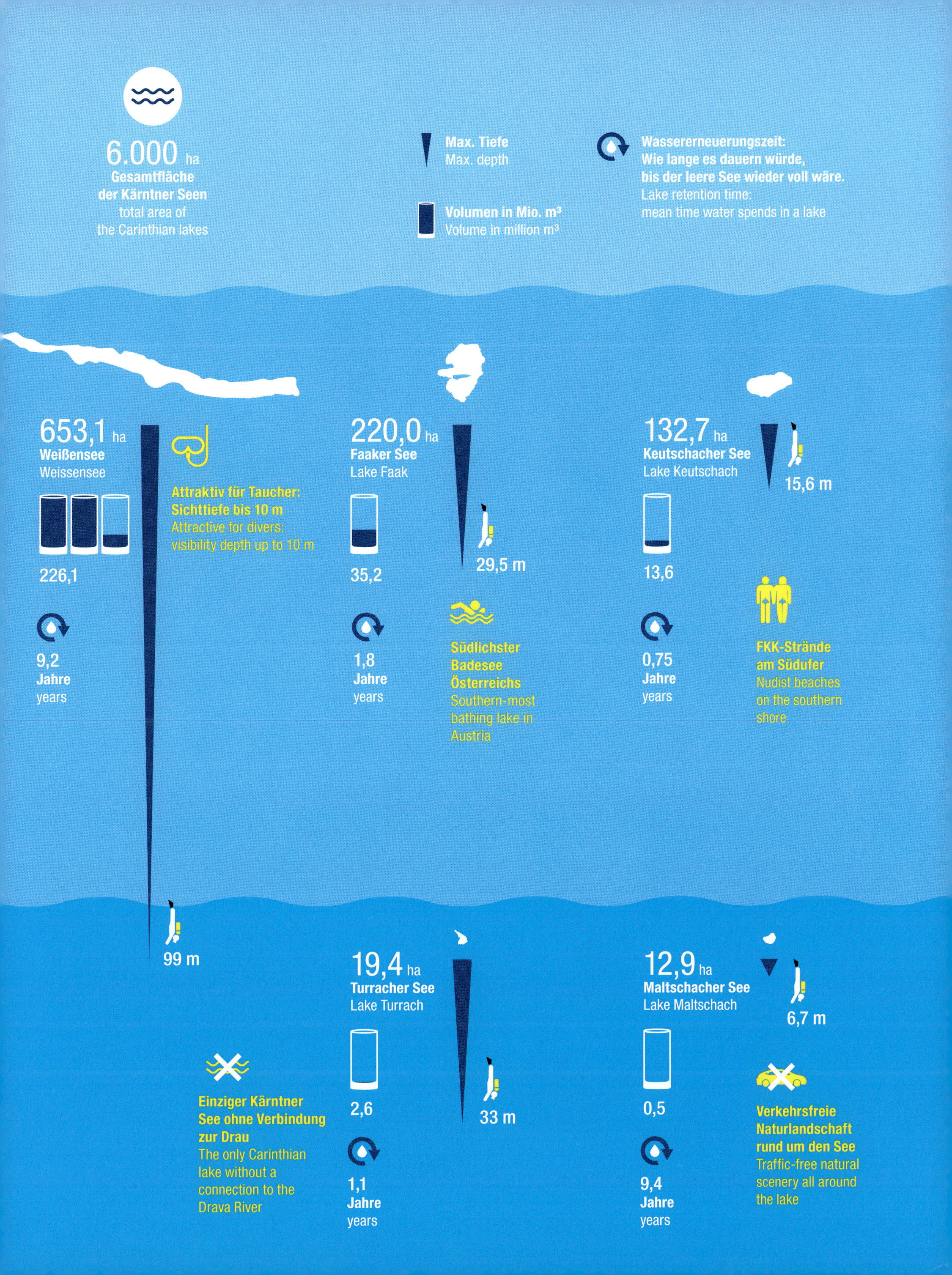
6.000 ha
Gesamtfläche der Kärntner Seen
total area of the Carinthian lakes
Max. Tiefe
Max. depth
Volumen in Mio. m³
Volume in million m³
Wassererneuerungszeit: Wie lange es dauern würde, bis der leere See wieder voll wäre.
Lake retention time: mean time water spends in a lake
653,1 ha
Weißensee
Weissensee
226,1
9,2 Jahre years
99 m
Attraktiv für Taucher: Sichttiefe bis 10 m
Attractive for divers: visibility depth up to 10 m
220,0 ha
Faaker See
Lake Faak
35,2
1,8 Jahre years
29,5 m
Südlichster Badesee Österreichs
Southern-most bathing lake in Austria
132,7 ha
Keutschacher See
Lake Keutschach
13,6
0,75 Jahre years
15,6 m
FKK-Strände am Südufer
Nudist beaches on the southern shore
19,4 ha
Turracher See
Lake Turrach
2,6
1,1 Jahre years
33 m
Einziger Kärntner See ohne Verbindung zur Drau
The only Carinthian lake without a connection to the Drava River
12,9 ha
Maltschacher See
Lake Maltschach
0,5
9,4 Jahre years
6,7 m
Verkehrsfreie Naturlandschaft rund um den See
Traffic-free natural scenery all around the lake

Land des Bauernwaldes
Land of farmers' forests

Kärnten ist das Bundesland mit der zweitgrößten Walddichte. / Carinthia has the second highest forest density of all Austrian provinces.

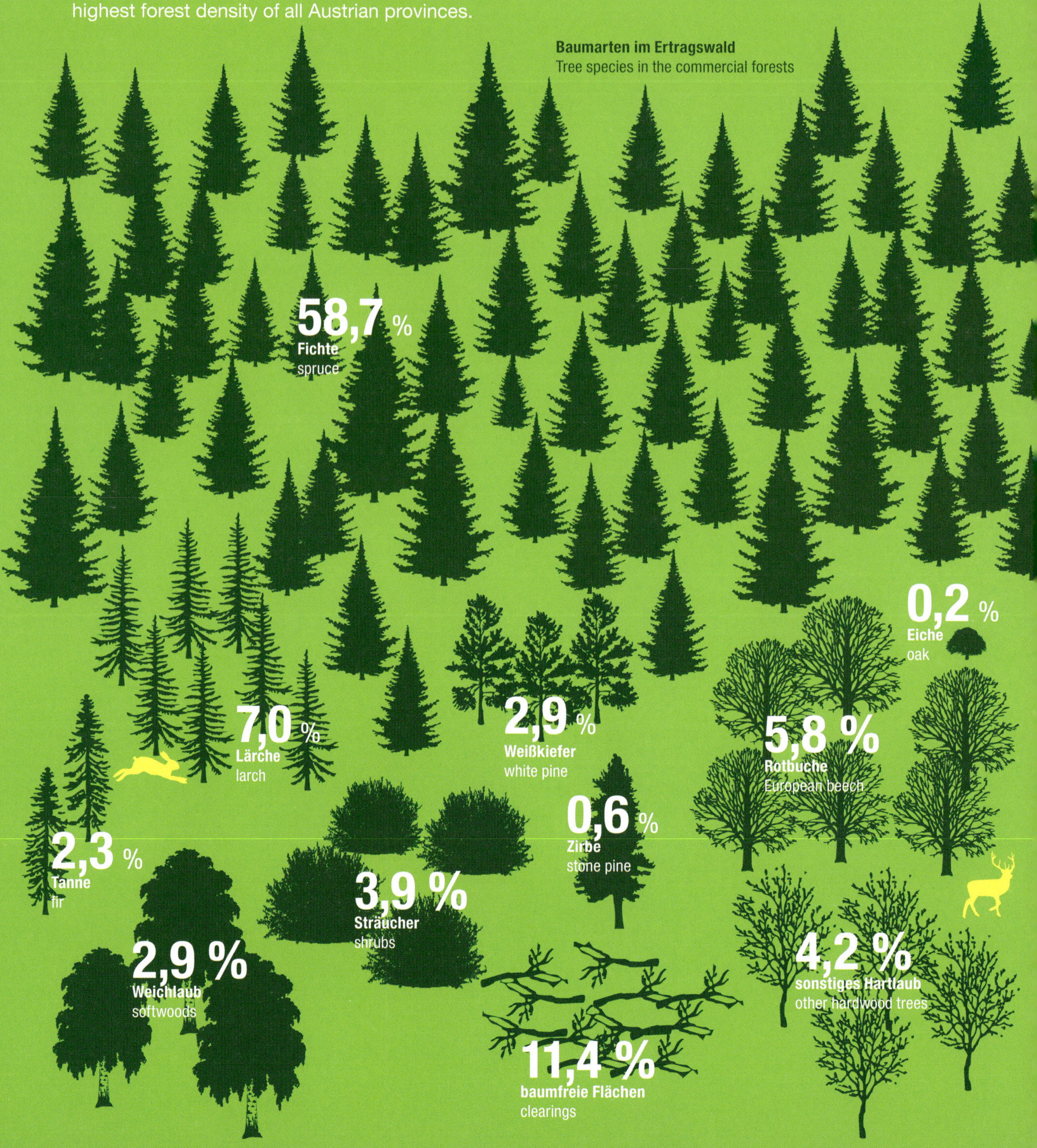

61,2 %
Waldanteil / forest ratio
ca. / approx.
581.000 ha

davon / thereof
17,6 %
Schutzwälder / protected forests
488.000 ha
Ertragswald / commercial forests

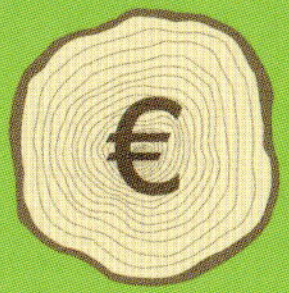

238.000.000 €
Produktionswert des forstwirtschaftlichen Wirtschaftsbereichs
Production value of the forestry sector

Aufforstung / Afforestation **(2019)**

3.914.000
Pflanzen / plantings

99,6 %
Wiederaufforstung
reforestation

Die Eigentümer der Wälder
Owners of the forests

73 %
ca. / approx. **23.000**
Kleinwaldbesitzer
smallholders
(<200 ha)

25 %
Betriebe
companies

2 %
Österreichische Bundesforste
Austrian national forests

Schadholz (in Festmetern) und Verursacher
Damaged timber (in cubic metres) according to cause

	Borkenkäfer / Bark beetle **(Fichte** / spruce**)**	**Windwurf** Windthrow	**Schneebruch** Snow break	**Sonstige Schäden** Other damage	**Insgesamt** In total
2017	332.305	1.111.800	32.250	55.211	**1.531.566**
2018	266.830	1.609.700	47.050	59.833	**1.983.413**
2019	229.730	178.150	281.730	64.302	**753.912**

Dez. / Dec. **2017: Sturmtief Yves** / Storm Yves
Okt. / Oct. **2018: Sturmtief Vaia** / Storm Vaia

Mehr Geben als Nehmen
More give than take

Was und wie viel Kärnten ein- und ausführt. / What and how much Carinthia imports and exports.

EXPORT / EXPORTS*

TOP-10-WARENGRUPPEN (in Mio. €)
TOP 10 PRODUCT GROUPS (in million €)

Mio. €	Warengruppe / Product group
1.859	**Kessel, Maschinen, Apparate und mechanische Geräte** Boilers, machinery, appliances and mechanical equipment
1.487	**Elektrische Maschinen, Apparate und elektrotechnische Waren** Electrical machines, appliances and electrotechnical products
587	**Holz und Waren daraus, Holzkohle** Wood and wood products, charcoal
413	**Kunststoffe und Waren daraus** Plastics and plastic products
324	**Waren aus Eisen oder Stahl** Iron or steel products
316	**Anorganische chemische Erzeugnisse** Inorganic chemical products
233	**Papier und Pappe** Paper and cardboard
197	**Verschiedene Erzeugnisse der chemischen Industrie** Various products of the chemical industry
169	**Optische/fotografische/ Mess-/Prüf-Instrumente** Optical/photographic/measuring/ testing instruments
154	**Fleisch und genießbare Schlachterzeugnisse** Meat and edible slaughter products

1.825
Andere Ware
Other goods

IMPORT / IMPORTS*

TOP-10-WARENGRUPPEN (in Mio. €)
TOP 10 MERCHANDISE GROUPS (in million €)

Mio. €	Warengruppe / Merchandise group
1.043	**Kessel, Maschinen, Apparate und mechanische Geräte** Boilers, machinery, appliances and mechanical equipment
815	**Elektrische Maschinen, Apparate und elektrotechnische Waren** Electrical machines, appliances and electrotechnical products
352	**Kunststoffe und Waren daraus** Plastics and plastic products
212	**Anorganische chemische Erzeugnisse** Inorganic chemical products
211	**Holz und Waren daraus, Holzkohle** Wood and wood products, charcoal
209	**Mineralische Brennstoffe, Mineralöle** Mineral fuels, mineral oils
204	**Waren aus Eisen oder Stahl** Iron or steel products
185	**Med. Möbel, Bettausstattungen, Beleuchtungen, vorgef. Gebäude** Medical furniture, bedding, lighting, prefabricated buildings
185	**Verschiedene Erzeugnisse der chemischen Industrie** Various products of the chemical industry
160	**Schuhe, Gamaschen und ähnliche Waren** Shoes, gaiters and similar products

3.062
Andere Ware
Other goods

● **mehr Export** / more exports
● **mehr Import** / more imports

TOP-EXPORT-LÄNDER (in Mio. €)*
TOP EXPORT COUNTRIES (in million €)*

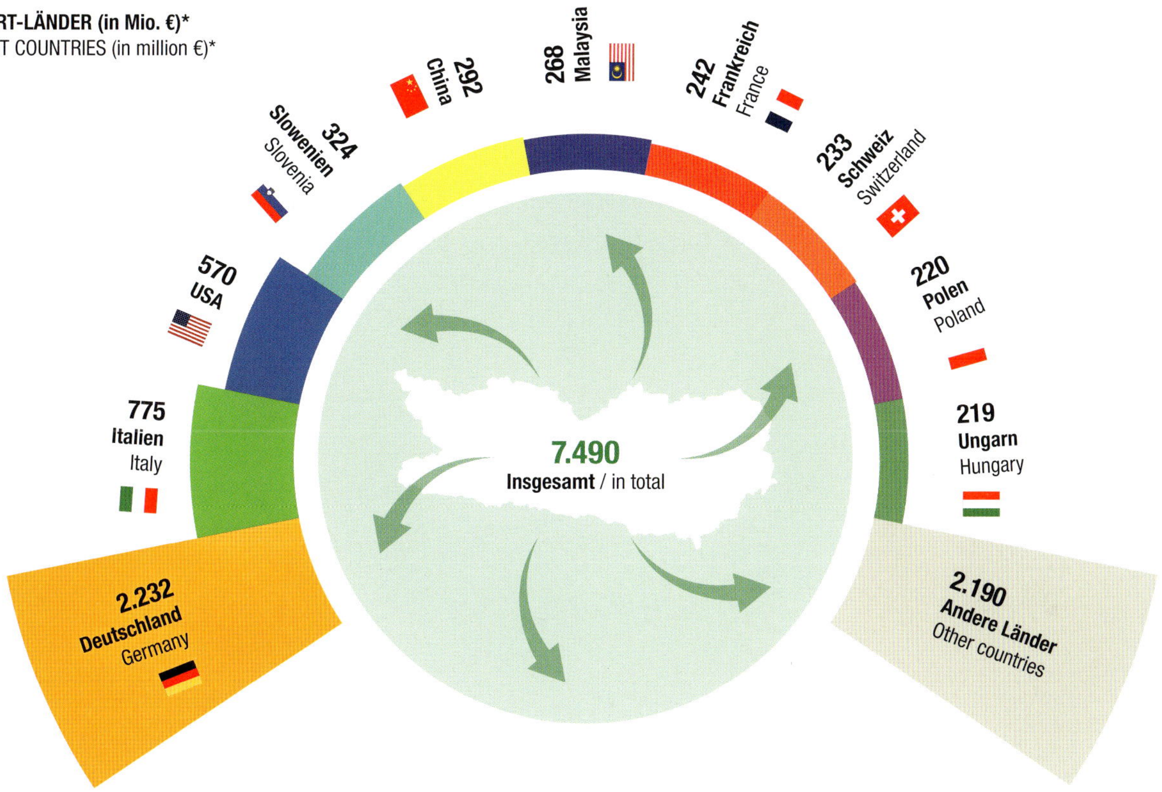

TOP-IMPORT-LÄNDER (in Mio. €)*
TOP IMPORT COUNTRIES (in million €)*

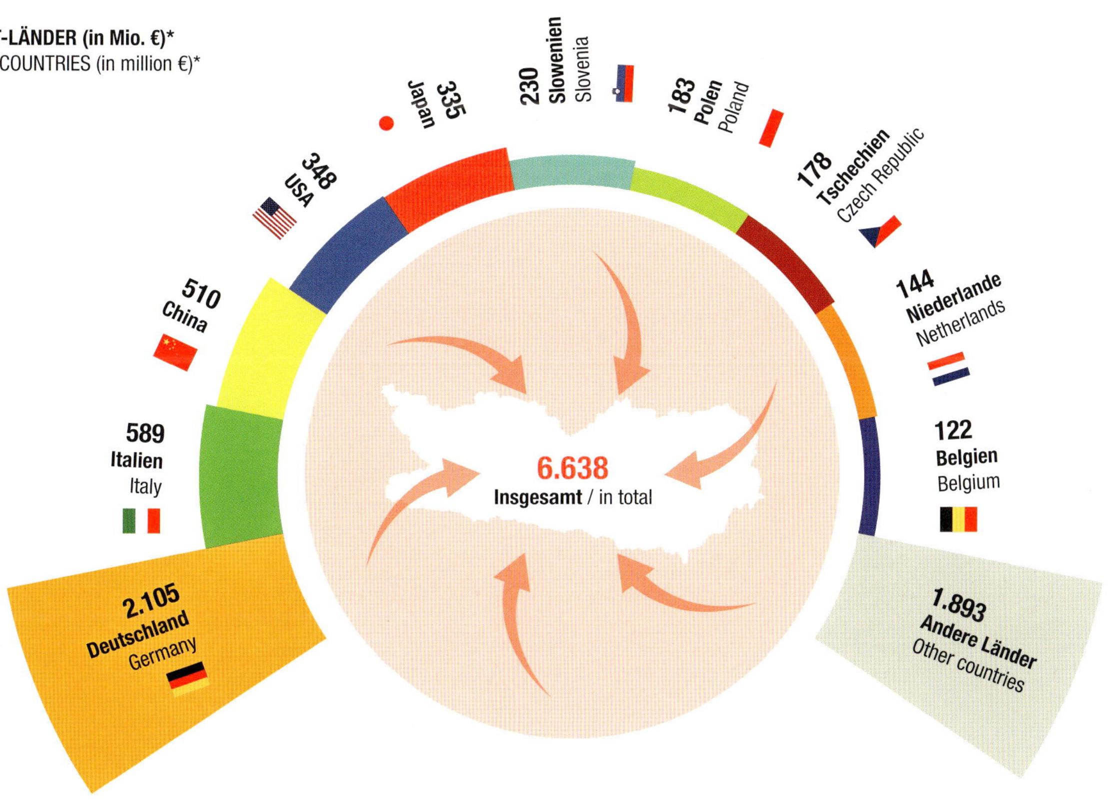

*** Jährliche Durchschnittswerte 2017–2020** / Annual averages 2017–2020

Die Spitze der Industrie
At the forefront of industry

Kärntens industrielle Produktion (Sekundärsektor) hat im Verhältnis zu den anderen Wirtschaftssektoren – Rohstoffgewinnung (Landwirtschaft usw.) und Dienstleistungen (inkl. Tourismus) – eine überdurchschnittliche Bedeutung. / In Carinthia's economy, industrial production (secondary sector) plays an above-average role in comparison to raw material extraction (agriculture, etc.) and services (incl. tourism).

Wertschöpfung / Added value

Primärsektor
Primary sector
1,4 %

Sekundärsektor
Secondary sector
34,2 %
6.350.000.000 €

Tertiärsektor
Tertiary sector
64,4 %

Die 4 Bereiche des Sekundärsektors / The 4 main areas of the secondary sector

Bau
Construction

Bergbau und Gewinnung von Steinen und Erden
Mining and quarrying

Herstellung von Waren
Manufacturing

Energie- und Wasserversorgung, Abwasser- und Abfallentsorgung, Beseitigung von Umweltverschmutzungen
Electricity, gas, steam and water supply; sewerage, waste management and remediation activities

Wo arbeiten wie viele Menschen 2020? (unselbständig beschäftigt)
How many people worked in each sector in 2020? (employed status)

In Kärnten insgesamt
In Carinthia in total
205.619

Im Sekundärsektor
In the secondary sector
54.863

491
0,9 %

15.966
29,1 %

34.893
63,6 %

3.513
6,4 %

Wie viele Stunden haben Kärntens Erwerbstätige 2020 insgesamt gearbeitet?
How many hours did Carinthia's employees work in total in 2020?

In Kärnten insgesamt
In Carinthia in total
407,4 **Mio. Std.** / million hours

Im Sekundärsektor
In the secondary sector
95,7 **Mio. Std.** / million ho

57,5
Mio. Std
million h

7,9
Mio. Std
million h

30,3
Mio. Std
million h

TOP-3-Betriebe aller 10 Kärntner Bezirke
TOP 3 companies in all 10 Carinthian districts
TOP 5 in Kärnten / TOP 5 in Carinthia

Welcher Wert wird durch die Kärntner Wirtschaft geschaffen? In Millionen Euro
How much value did Carinthia's economy create?
In millions of euros

In Kärnten insgesamt
In Carinthia in total
18.566

Im Sekundärsektor
In the secondary sector
6.350

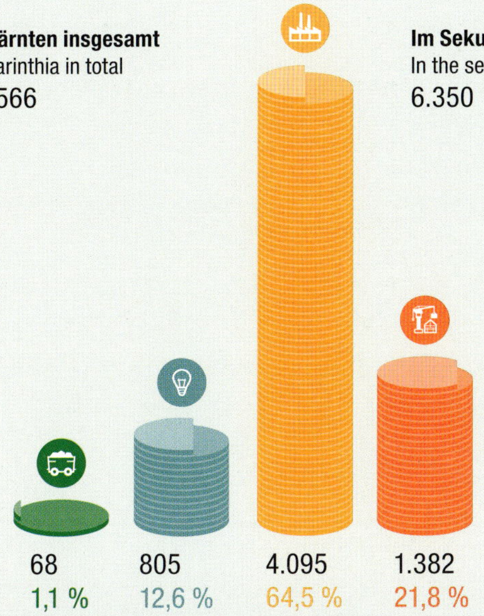

Wie hoch ist der Mehrwert aller 2020 in Kärnten hergestellten Endprodukte und Dienstleistungen?
What was the amount of value added for all end products and services produced in Carinthia in 2020?

In Kärnten insgesamt / In Carinthia in total
20.697 **Mio. €** / million €

Pro Einwohner*in
Per inhabitant
36.900 €

DAS Kärntner Comfort Food
Carinthia's favourite comfort food

Um dieses Schmankerl kommt niemand herum – Kasnudel geht immer!
When you're hungry, there's just nothing like a delicious Kasnudel!

KÄRNTNER-NUDEL-VARIANTEN (AUSWAHL)
CARINTHIAN NOODLE VARIATIONS (A SELECTION)

SÜß / SWEET

Apfelnudel / with apples • **Grantnnudel** / with cranberries • **Kirschennudel** / with cherries • **Kletzennudel** / with dried pears • **Mohnnudel** / with poppy seeds • **Nussnudel** / with nuts • **Schwarzbeernudel** / with blackberries • **usw.** / etc.

HERZHAFT / SAVOURY

Bärlauchnudel / with wild garlic • **Bertramnudel** / with tarragon • **Blunzennudel** / with blood sausage • **Eierschwammerlnudel** / with chanterelles • **Erdäpfelnudel** / with potatoes • **Fleischnudel** / with meat • **Ganslnudel** / with goose meat • **Grammelnudel** / with greaves • **Hadnnudel** / with buckwheat • **Kasnudel (die bekannteste und beliebteste)** / Potato- and quark-filled pasta pockets (the best-known and most popular) • **Knoblauchnudel** / with garlic • **Krautnudel** / with cabbage • **Kürbisnudel** / with pumpkin • **Lammnudel** / with lamb meat • **Linsennudel** / with lentils • **Polentanudel** / with polenta • **Spargelnudel** / with asparagus • **Specknudel** / with bacon • **Spinatnudel** / with spinach • **Steinpilznudel** / with porcini (Boletus edulis) • **Tomaten-Mozzarella-Nudel** / with tomatoes and mozzarella • **Wildnudel** / with game • **usw.** / etc.

Faustnudel
Kärntner Nudel in Faustgröße
Fist-sized Carinthian noodles

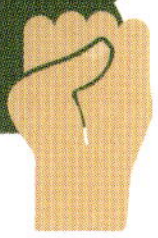

Nudelkudelmuddel
Gemischter Kärntner Nudel-Teller
Plate with a variety of Carinthian noodles

„angebrantschelte" Kasnudel
In Butterschmalz angebratene gekochte Kasnudel
Boiled Kasnudel sautéed in clarified butter

Slowenische Bezeichnungen
In Slovenian

„Krapi" (Krapfen)
In manchen Teilen Kärntens
In some parts of Carinthia

„Sirnati krapi"
Käsekrapfen (im Rosental)
Käsekrapfen (in Rosental)

Einfrieren / Freeze
Kasnudeln halten tiefgefroren rund ein halbes Jahr.
Kasnudel keep in the freezer for around six months.

„Ziljski krapi"
Gailtaler Krapfen (im Gailtal)
Gailtaler Krapfen (in Gailtal)

der mit: Grammeln, rammelschmalz, erlassenem Sasaka (Verhackerts), peckwürfeln, Kräutern usw.
r with: greaves, lard, bacon jam, acon cubes, herbs etc.)

Wo Kärnten den Himmel berührt
Where Carinthia touches the sky

In Kärnten gibt es 2.446 benannte Berge. Hier die jeweils höchsten der zehn politischen Bezirke.
There are 2,446 named mountains in Carinthia. Here are the highest in each of the province's ten political districts.

3.798 m
Großglockner

Glocknergruppe (Hohe Tauern)
Glockner Group (High Tauern)

Spittal an der Drau

Österreichs höchster Berg, der „Glockner", liegt an der Grenze von Kärnten und Osttirol im Nationalpark Hohe Tauern.
Austria's highest mountain, the "Glockner", lies on the border between Carinthia and East Tyrol, in the Hohe Tauern National Park.

>5000 Besteigungen/Jahr
ascents/year

Ohne Gipfelbuch, weil wiederholt gestohlen
No summit book, because it keeps getting stolen

2.780 m
Hohe Warte

Karnischer Hauptkamm (Karnische Alpen)
Carnic Main Crest (Carnic Alps)

Hermagor

1865
Erstbesteigung durch Paul Grohmann (österreichischer Alpinist und Mitbegründer des Österreichischen Alpenvereins)
First ascent by Paul Grohmann (Austrian alpinist and co-founder of the Austrian Alpine Club)

Liegt an der Grenze von Kärnten und Italien.
Located on the border between Carinthia and Italy.

2.404 m
Straßburger Spitz

Nockberge (Gurktaler Alpen)
Nock Mountains (Gurktal Alps)

Feldkirchen

Der Bezirk Feldkirchen zählt 99 benannte Berge. Der höchste ist nicht besonders spektakulär, bekannter und beliebter ist der Wöllaner Nock, der misst aber nur 2.145 m.
The highest of the 99 named mountains in the district of Feldkirchen is not very spectacular. The Wöllaner Nock is more famous and popular but is only 2,145 m high.

2.394 m
Wintertalernock

Nockberge (Gurktaler Alpen)
Nock Mountains (Gurktal Alps)

St. Veit an der Glan

Einer der drei Gipfel auf dem Wanderweg 129. Direkter Nachbar vom südwestlich gelegenen Straßburger Spitz
One of the three peaks on Trail no. 129. Directly adjacent to the Straßburger Spitz to the southwest

2.237 m
Hochstuhl/Stol

Karawanken
Karawanks

Klagenfurt-Land

Höchste Erhebung der Karawanken, Grenzbe zu Slowenien. Von Ost betrachtet ähnelt seine Form einem Stul
Highest elevation in the Karawanks, the border range with Slovenia. Viewed from the east, it shape resembles a chai

49, 55 oder/or 87*

Gipfel über 3.000 m Höhe
peaks above 3,000 m in altitude

*** je nachdem, wer zählt**
depending on who's counting

…7 m
…ff

…churgruppe
…taler Alpen)
…chur Group
…al Alps)

…ch-Land

…n vom unteren Drautal …klar erkennbar. …ergewöhnliche Form …ie Gailtaler Alpen: …seitig steile Felswand, …eitig grasbewachse- …Steilhang
…already be seen clearly … the lower Drau Valley. …ual form for the Gailtal … steep rock face on the … side, steep grassy … on the south side

2.203 m
Mrzla Gora
Kalter Berg / Cold Mountain

Steiner Alpen
Kamnik Alps

Völkermarkt

1876
Robert Lendlmayer von Lendenfeld (österreichischer Zoologe und Alpinist) erklimmt als erster Tourist den alpinistisch anspruchsvollen Gipfel.
Robert Lendlmayer von Lendenfeld (Austrian zoologist and alpinist) is the first to make the difficult ascent.

Höchster Gipfel im Talschluss der Vellacher Kotschna und der Steiner Alpen in Österreich, an der Grenze von Kärnten und Slowenien gelegen
Highest peak in the valley head of the Vellach Combe and the Kamnik Alps in Austria, situated on the border between Carinthia and Slovenia

2.140 m
Großer Speikkogel

Koralpe (Lavanttaler Alpen)
Kor Alps (Lavanttal Alps)

Wolfsberg

Höchster Gipfel der Koralpe, liegt rund 400 m westlich der Grenze zur Steiermark. In Gipfelnähe steht eine Radaranlage zur Flugraum-überwachung.
Highest peak in the Kor Alps, located about 400 m west of the Styrian border. Near the summit is a radar installation for airspace surveillance.

1.803 m
Unbenannte Anhöhe
Unnamed peak

Villacher Alpe
Villacher Alps

Villach

Zwischen Elfernock (2.031 m) und Scharten (1.631 m) gelegen. Villachs Hausberg ist der Dobratsch (2.166 m), allerdings liegt auch der, wie die beiden anderen, im Bezirk Villach-Land.
Located between Elfernock (2,031 m) and Scharten (1,631 m). The town of Villach's landmark mountain is the Dobratsch (2,166 m), but like the other two it is located in a different district: Villach-Land.

1.022 m
Ulrichsberg

Nockberge (Gurktaler Alpen)
Nock Mountains (Gurktal Alps)

Klagenfurt

Früher „Kernberg" oder „Kärntner Berg". Die Ortschaft Karnburg am Fuße des Berges war wahrscheinlich Namensgeber von Kärnten und gilt mit dem dort gefundenen Fürstenstein als die Wiege des Landes.
Formerly known as the "Kernberg" or "Carinthian Mountain". The village of Karnburg at its foot probably gave Carinthia its name and is regarded, together with the Prince's Stone found there, as the cradle of the province.

Es kreucht und fleucht ...
All creatures great and small ...

Ergebnisse einer Feldforschung zur Kärntner Tierwelt / Field research on Carinthian fauna

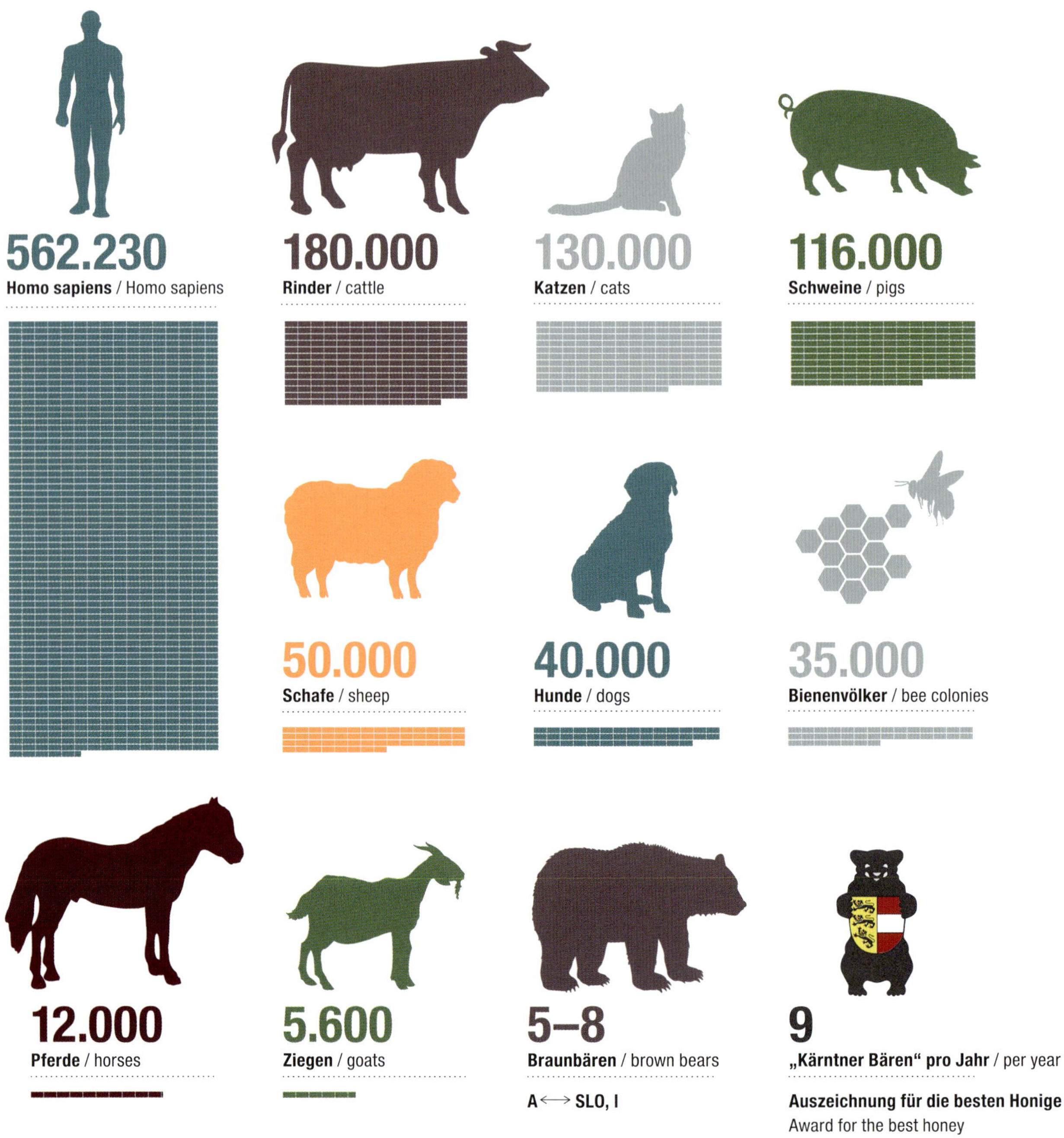

700
Biber
beavers

30
Eisvögel-Brutpaare
breeding kingfisher pairs

800
Höckerschwäne
mute swans

50.000
Kärntna Låxn
Gezüchtete essfertige Seeforellen / ready-to-serve farmed lake trout

170
Japanmakaken
Japanese macaques
Affenberg / Monkey Mountain, Burgruine Landskron

Die Feinde der Fischerei / The enemies of the fisheries

100
Graureiher-Brutpaare
breeding grey heron pairs

300
Kormorane
cormorants

360
Fischotter
common otters

1 Lindwurm / dragon

Wahrzeichen und Wappentier von Klagenfurt
Emblem and heraldic animal of Klagenfurt
↔ 7,55 m – 6 t / metric tons

1 Reptilienzoo
reptile zoo: **Happ** in Klagenfurt

200.000 Besucher pro Jahr, über 1.000 Tiere
200,000 visitors per year, more than 1,000 animals

3 Skorpionarten / species of scorpions

Keine tödlich giftig. Kärnten ist das skorpionreichste Bundesland Österreichs, aber die Tiere verstecken sich meistens unter Steinen und es hat niemand Lust, sie zu zählen.
None of them are deadly poisonous. Carinthia has more scorpions than any other Austrian province, but they usually hide under rocks and no one really wants to count them.

Deutscher Skorpion
Euscorpius germanus

Triestinerskorpion
Euscorpius tergestinus

Gammaskorpion
Euscorpius gamma

Weitere Kreuch-, Fleuch- und sonstige Tiere, die den Namen „Kärnten“ im Alpenraum hochhalten
Further species of alpine creepy crawlies and other animals that proudly bear the description "Carinthian"

Kärntner Rollassel
Armadillidium carynthiacum

Kärntner Schließmundschnecke
Macrogastra badia carinthiaca

Kärntner Gebirgsschrecke
Miramella carinthiaca

Kärntner Brillenschaf
Jezersko-Solčava

Kärntner Blondvieh
Carinthian Blondvieh

„Vielen Dank für die Blumen!“
“What lovely flowers!”

In Kärnten gedeihen arktisch-alpine neben mitteleuropäischen Arten und es gibt illyrische, submediterrane und pannonische Einsprengsel – eine ungewöhnlich reiche Flora mit botanischen Raritäten ersten Ranges. / In Carinthia, Arctic-alpine plants thrive alongside Central European species, with scattered Illyrian, sub-Mediterranean and Pannonian varieties – an unusually rich flora that includes exquisite botanical rarities.

Alpengarten Villacher Alpe
Naturgarten / Natural garden
Villacher Alpenstraße,
P 6
>800
Alpenpflanzen / alpine plants
1 ha

Alyssum ovirense

Obir-Steinkraut
Vorzugsweise südliche Kalkalpen (Hochobir), selbst dort nur sehr verstreut
Mainly in the southern Limestone Alps (Hochobir), but sparse even there
Juli–Aug. / July–Aug.

Kärntner Botanikzentrum
Botanischer Garten, Landesherbar, Fachbibliothek
Botanical garden, provincial herbarium, specialised library
Klagenfurt, ehemaliger Steinbruch des Kreuzbergls
Klagenfurt, former quarry at the Kreuzbergl
1,2 ha

Campanula zoysii

Zois-Glockenblume
Julische Alpen, Karawanken, Steiner Alpen
Julian Alps, Karawanks, Kamnik-Savinja Alps
Juli–Aug. / July–Aug.

Colchicum bulbocodium

Frühlingslichtblume – Lichtmessblume, Lichtblume
Steilhang der Gerlitzen, erst 1911 entdeckt
Steep slope of the Gerlitzen, first discovered in 1911
Spätwinter, Frühling
Late winter, spring
Zeitlosengewächs, die tödliche Schönheit enthält das Alkaloid Colchicin.
This type of crocus is a toxic beauty that contains the alkaloid colchicine.

Papaver alpinum subsp. kerneri

Karawanken-Alpen-Mohn – Kerners Alpen-Mohn
In Österreich nur in Südkärnten (Karawanken)
In Austria only in southern Carinthia (Karawanks)
Juli–Aug. / July–Aug.

Legende / Key
Standort / Habitat
Blütezeit
Flowering period

Rhododendron luteum

Gelbe Azalee – Gelbe Alpenrose, Wunderblume von Lendorf
Zwischen Lendorf und Pusarnitz einziges Exemplar im deutschsprachigen Raum
The only specimen in the German-speaking region grows between Lendorf and Pusarnitz.
Mai, Juni / May, June

Naturdenkmal seit 1973
Natural monument since 1973

Valeriana celtica

Speik, Norischer Baldrian
Nockberge, Teile der Nieder Tauern, über 1.800 m
Nock Mountains and parts of Lower Tauern, over 1,800 m
Juli–Sept. / July–Sept.

Seit 1936 unter Naturschutz ausgewählte Bauern dürfen Wurzeln ernten.
A protected plant since 1936, but selected farmers are permitted to harvest roots.

Auf der Mussen

Große Mäh-Wiese / Large mowed meadow

Lesachtal, westlich vom Gailbergsattel
Lesachtal, west of the Gailberg Saddle

387 ha

Naturschutzgebiet (seit 1978)
nature reserve (since 1978)

>500

Pflanzenarten / plant species

Ende Juni, Anfang Juli
Late June, early July

Gladiolus illyricus

Illyrische Gladiole

In Österreich nur in Südkärnten, insbesondere im Naturpark Dobratsch
In Austria only in southern Carinthia, mainly in the Dobratsch Nature Park

Mai–Juni / May–June

Wulfenia carinthiaca

Kärntner Wulfenie

Kärntner Landesblume, Blaue Blume Kärntens, Kuhtritt, Hundszunge

Gartnerkofel, Karnische Alpen
Karnic Alps

Juni, Juli / June, July
max. 14 Tage / days

Kärntens berühmteste Blume. Nach ihr benannt: Schokolade, Chor, Apotheke, Kino, Druckerei, Pflegeheim, Hotels, Gästehäuser u. a.
Carinthia's best-known flower. Named after it: chocolate, choir, pharmacy, cinema, printing house, nursing home, hotels, guesthouses and more

Doronicum cataractarum

Sturzbach-Gämswurz

Koralpe

Juli–Sept. / July–Sept.

Knautia carinthiaca

Kärnten-Witwenblume – Kärnten-Knopfblume

Görtschitztal: Gutschen, Buchkogl

Mai–Aug. / May–Aug.

Rhinanthus carinthiacus

Kärntner Klappertopf – Kärntner Milchdieb

Saualpe (Lavanttal)
Sau Alps (Lavant Valley)

Frühsommer und Herbst
Early summer and autumn

„Klappertopf" – schüttelt man reife Früchte, klappern die Samen; „Milchdieb" – andere (Futter-)Pflanzen gedeihen nicht gut in seiner Nachbarschaft.
Called "yellow rattle" because the seeds rattle in the ripe fruit, and "milk thief" because other (forage) plants don't thrive in its proximity.

Lilium carniolicum

Krainer Lilie

Im deutschsprachigen Raum nur in Kärnten: Karawanken, Dobratsch
In the German-speaking region only in Carinthia: Karawanks, Dobratsch

Mai–Juli / May–July

Gentiana froelichii

Karawanken-Enzian

In Österreich nur in Südkärnten (Karawanken)
In Austria only in southern Carinthia (Karawanks)

Juli–Sept. / July–Sept.

Paradisea liliastrum

Weiße Trichterlilie – Weiße Paradieslilie, Alpen-Paradieslilie

Karnische Alpen, Gailtaler Alpen
Karnic Alps, Gailtal Alps

Juni–Juli / June–July

Silicon Alps Kärnten
Silicon Alps Carinthia

Innovative Epizentren: Rund um Klagenfurt und Villach gibt es eine eindrucksvolle Konzentration von Hightech-Firmen und -Institutionen. / Innovative epicentres: A large number of high-tech companies and institutions are located around Klagenfurt and Villach.

1
Sico Technology GmbH
Bearbeitung von Quarz, Silizium und Keramik für Halbleiterfertigung
Production of quartz glass, silicon and ceramics for the semiconductor industry
1976, Bad Bleiberg

2
High Tech Campus Villach GmbH
Zentrum für Technologieunternehmen, Forschungs- und Ausbildungseinrichtungen
Centre for technology companies and research and training institutions
2014, Villach

3
Katronik H. Steindl GmbH
Elektronik-Fertigungsdienstleistungen
Electronic manufacturing services
1982, Molzbichl bei / near **Spittal/Drau**

6
Intel Austria GmbH
Prozessoren, Speicher, Netzwerke
Processors, memory, networks
1968, Silicon Valley

4
Ortner Cleanroom Unlimited
Reinraumtechnik und Dekontaminationsverfahren
Clean room technology and decontamination processes
1985, Villach

7
LAM Research AG
Geräte und Anlagen für Halbleiterindustrie
Devices and systems for the semiconductor industry
1980, Silicon Valley

18
Flextronics International GmbH
Elektronische Module und Geräte für Medizin- und Industrietechnik
Electronic modules and devices for medical and industrial technology
1969, Silicon Valley

5
Infineon Technologies Austria AG
Halbleiter- und Mikrochips-Produktion, Forschung
Semiconductor and microchip production and research
1999, Neubiberg

8
Mechatronic Systemtechnik Gmbh
Automatisierungslösungen für die Halbleiterindustrie
Automation equipment for semiconductor wafer handling
1998, Villach

9
Silicon Alps Cluster GmbH
Technologie- und Innovationscluster für elektronikbasierte Systeme
Technology and innovation cluster for electronics-based systems
2016, Villach

10
T.I.P.S. Messtechnik GmbH
Prüftechnik für Halbleiterchips
Test interfaces for semiconductor chips
1997, Villach

11
Silicon Austria Labs
Forschung zu elektronikbasierten Systemen
Research on electronics-based systems
2018, Wien / Vienna – Graz – Linz – Villach

gegründet: Jahr, Ort
founded: year, town

12

Astron Electronic GmbH
Leiterplattenbestückung und Gerätebau
Printed circuit boards and machine assembly
1997, Feistritz an der Gail

13

SIC Software Internet Cluster
Innovationsagentur, Cluster von Internet- und Software-Betrieben
Innovation agency, cluster of internet and software companies
1999, Klagenfurt

14

cms electronics
Elektronik-Fertigungsdienstleistungen
Electronic manufacturing services
1962, Klagenfurt

15

Lakeside Science & Technology Park
Kooperationsplattform zwischen Unternehmen und Universität im Bereich Informations- und Kommunikationstechnologien
Platform for cooperation between companies and universities in the field of information and communication technologies
2008, Klagenfurt

16

Anexia
Softwareentwicklung, Hosting und Cloud-Services
Software development, hosting and cloud services
2006, Klagenfurt

17

Cisc Semiconductor GmbH
Testlösungen für Halbleiter-, Automobil-, Wireless- und RFID-/NFC-Industrie
Test solutions for the semiconductor, automotive, wireless and RFID/NFC industries
1999, Klagenfurt

19

VISHAY BCcomponents Austria GmbH
Produktion elektronischer Bauteile
Manufacturing of electronic components
1962, Malvern (USA)

20

Joanneum Research Robotics
Forschung im Bereich Robotik und Mechatronik
Robotics and mechatronics research
2015, Klagenfurt

21

Kapsch TrafficCom / Kapsch BusinessCom
IT Business-Infrastruktur
IT business infrastructure
1892, Wien / Vienna

22

Bitmovin
Streaming Services, Multimedia Applications, Videoplayer
Streaming services, multimedia applications, video players
2013, Klagenfurt

23

Augmensys
Augmented-Reality-Softwar e „UBIK“ für Industrieanwendungen
“UBIK” augmented reality software for industrial applications
2011, Klagenfurt

24

PMS Elektro- und Automationstechnik GmbH
Systemlösungen für Elektro-, Mess-, Steuer-, Regel- und Verfahrenstechnik
System solutions for electrical, measurement, control and process engineering
2005, St. Stefan im Lavanttal

25

Wild Gruppe
Optomechatronische Systeme für Medizintechnik
Optomechatronic systems for medical technology
1970, Völkermarkt

Nicht nur „Lei-Lei!“
It’s not all just “Lei-Lei!”

Ertönen seltsame Rufe wie „Gur-Gur“, dann ist in Kärnten die fünfte Jahreszeit angebrochen. Fasching wird hier besonders leidenschaftlich gefeiert. / If you hear strange shouts like “Gur-Gur”, that means the fifth season of the year has begun in Carinthia. Carnival is celebrated here with real gusto.

Fahnen werden aufgehängt, Prinzenpaare präsentiert, Schlüssel zu Rathäusern rituell übergeben.
Flags are hung, royal couples are presented, the keys to town halls are ritually handed over.

11.11., 11:11 (bzw. am nächstliegenden Samstag
or the closest Saturday)

Faschingswecken
Carnival Awakening

GILDENRUFE / GUILD CALLS

- He-Lei – Spittal a. d. Drau
- Äha schau schau – Althofen
- Drei. Drei. – Arnoldstein
- Tra-La-La – Treffen
- FüLei – Fürnitz
- Feifalan-bum-bum – Ferlach
- Namla-woll-woll – St. Veit a. d. Glan
- Ho-Schluck – Steuerberg
- FA-BU-LE – Frantschach-St. Gertraud
- Du-Du – Steindorf
- Lei-Lustig – St. Paul im Lavanttal
- Sekull, eh cool! – Techelsberg
- Fasching einmal anders – Guttaring
- Lei Gleich – Feffernitz
- Lei Blau – Bad St. Leonhard
- Tri-Tri – Mittertrixen
- Lei-Lei – Villach
- Popo – Poggersdorf
- Lei-lei-blau – Lavamünd
- Gluck-Gluck-Olé – Feldkirchen
- Wai Wai – Klagenfurt
- Lei-Her – Hermagor
- Mia san heit so deppat! – Bleiburg
- Nia-Gnua – St. Andrä
- Bla-Bla – Klagenfurt
- Gur-Gur – Gurntiz
- Eanta do schon – Kraig
- Lei-Woll – Oberdrauburg
- Lei-Wossa – Pörtschach
- Lei-Lei-Ma-Gai – Maria Gail
- Trau-Di-Lei – Möllbrücke
- Adabei – Griffen
- La-Lei – St. Jakob im Rosental
- Blatsch-Blatsch – Völkermarkt
- Jo-Mei – Millstatt
- Bussi-Bussi-Lei-Lei – Kötschach-Mauthen
- AHA – Landskron
- Lei-Noch – Reichenau
- MooMoo – Moosburg

7.1.
Faschingsbeginn
Start of Carnival

Faschingssitzungen
Carnival sessions

Abendfüllende Programme mit szenischen Aufführungen, Gesang-, Musik- und Tanznummern
Evening-long programmes of staged performances, song, music and dance numbers

Faschingssamstag bis Faschingsdienstag
Shrove Saturday to Shrove Tuesday

Närrisches Treiben, Faschingsumzüge
Wild goings-on, carnival parades

Faschingsdienstag, Mitternacht
Shrove Tuesday, midnight

Offizielles Ende
Official end of Carnival

VILLACHER FASCHING / CARNIVAL IN VILLACH

„Fasching in Villach, Villach im Fasching!“ „Lei-Lei“

1867
erstmals erwähnt
first mentioned

Seit / Since **1955**
mit Prinzenpaar, Fanfarenbläser, Hofnarren, und Faschingsumzug
with prince and princess, fanfares, jesters and carnival parade

1967
erstmals Kinderprinzenpaar
first child prince and princess

Seit / Since **1968**
Kinderfasching „Mini-Lei-Lei“
“Mini-Lei-Lei” children’s carnival

Faschingssamstag
Shrove Saturday
Faschingsumzug: Ganz Villach ist kostümiert.
Carnival parade: All of Villach is in costume.

150
Gruppen mit >3.000 Närrinnen und Narren
groups with >3,000 “fools”

10.000
maskierte Besucher säumen die Straßen.
masked onlookers line the streets.

Jury bewertet und prämiert die schönsten Maskierungen.
Jury rates and awards best masks.

Gefeiert wird bis in die frühen Morgenstunden.
The partying goes on until the early morning hours.

VILLACHER FASCHINGSSITZUNGEN
VILLACH CARNIVAL SESSIONS

Premiere
Premiere

8
Sitzungen
sessions

3
Sitzungen mit ORF-Aufzeichnung
sessions recorded by ORF

Alle ausverkauft
SOLD OUT

Live im TV seit 1963
Live on TV since 1963
∅ 1.430.000
Zuseher seit 2000
viewers since 2000
ORF

It's my life* – es ist mein Leben

Wer aller „Urlaub bei Freunden" macht. / Taking a "holiday among friends"

BETTENANGEBOT NACH BEHERBERGUNGSBETRIEBEN
(vor Corona-Pandemie)
BEDS AVAILABLE PER LODGING ESTABLISHMENT
(before the COVID-19 pandemic)

*
Slogan der Standortmarke Kärnten
Official slogan of Regionmarketing Carinthia

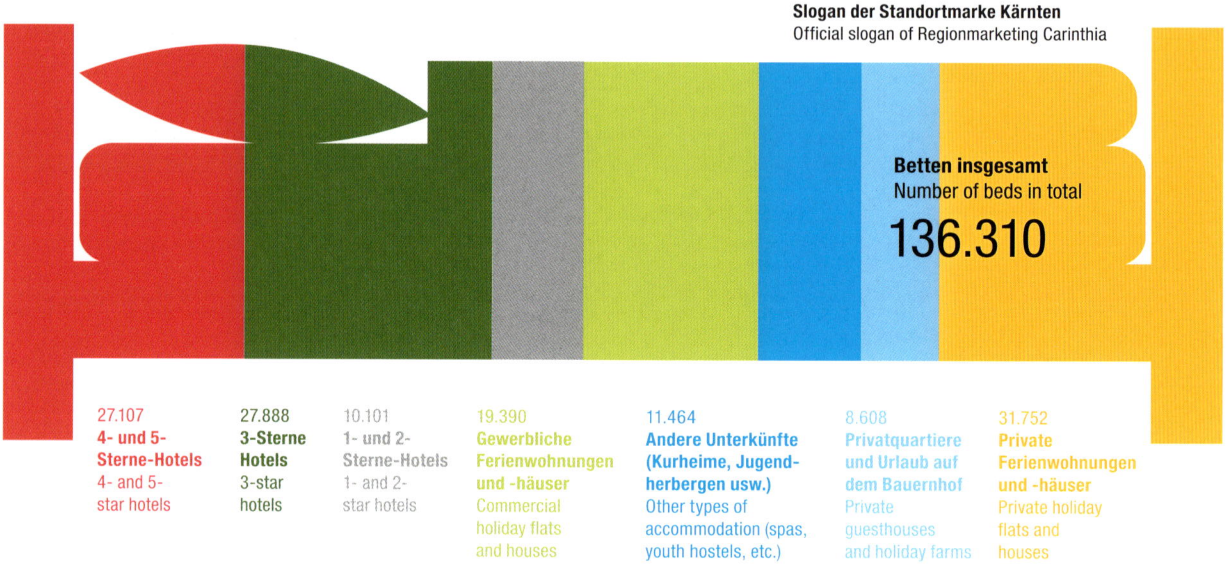

TOP 5 DER BELIEBTESTEN REGIONEN
TOP 5 REGIONS

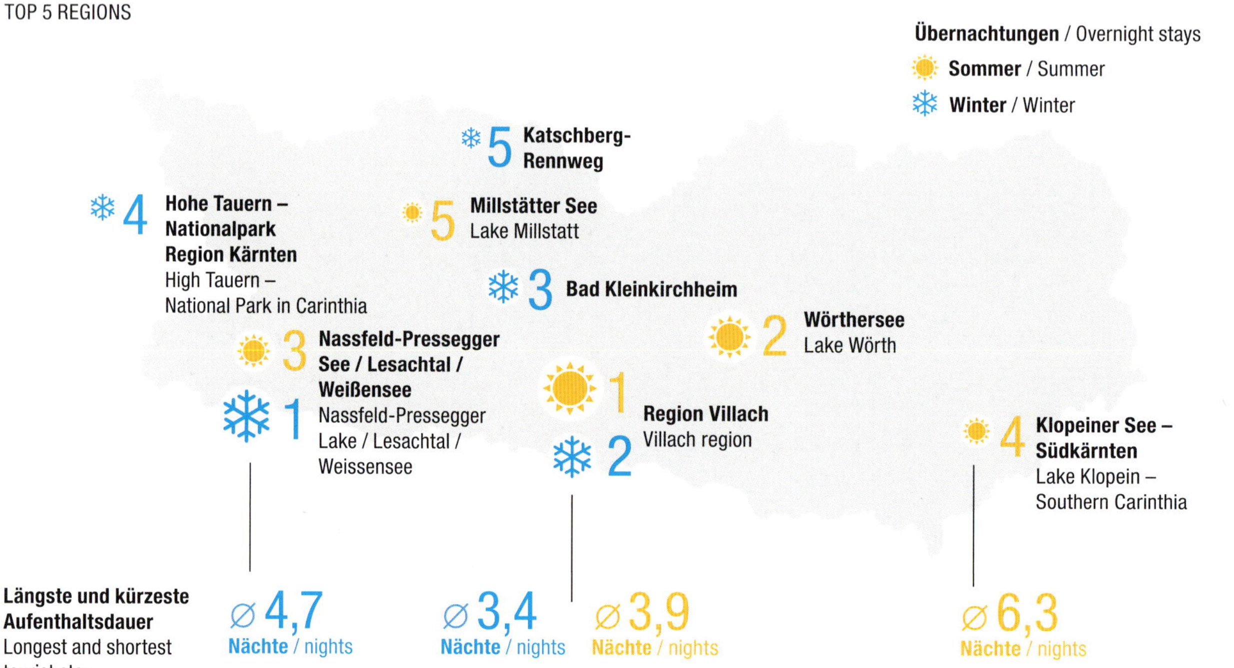

WO DIE KÄRNTEN-URLAUBER HERKOMMEN MAI–OKTOBER
WHERE TOURISTS IN CARINTHIA COME FROM MAY–OCTOBER

9.656.096
Übernachtungen pro Jahr
overnight stays per year

2.310.364
Ankünfte / arrivals

4,2 Nächte / nights
Durchschnittliche Aufenthaltsdauer
Average tourist stay

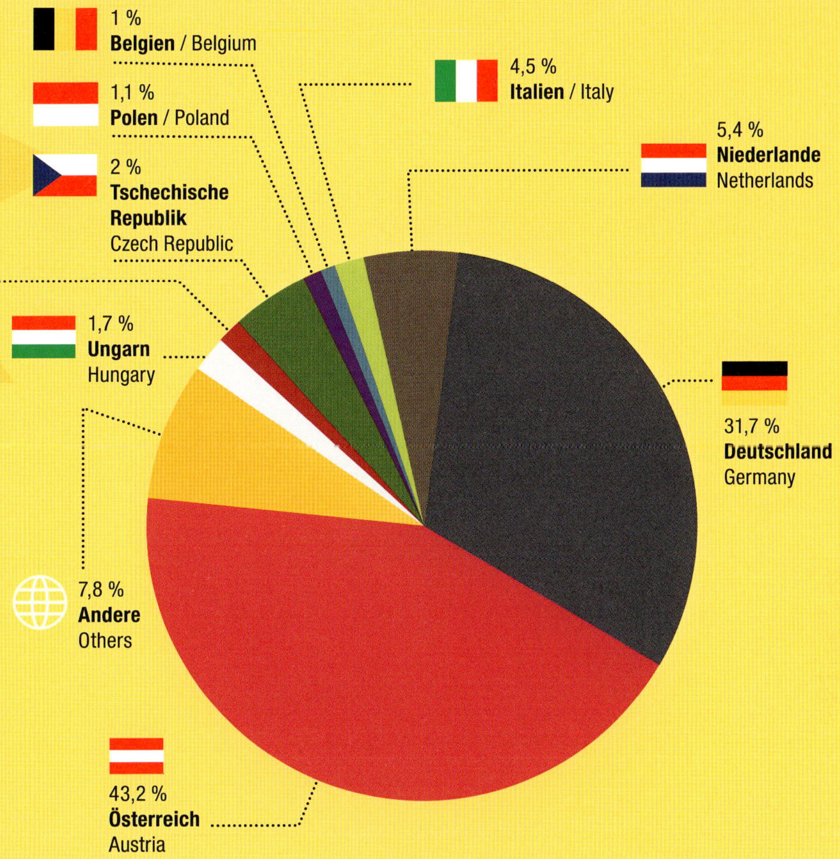

WO DIE KÄRNTEN-URLAUBER HERKOMMEN NOVEMBER–APRIL
WHERE TOURISTS IN CARINTHIA COME FROM NOVEMBER–APRIL

3.665.347
Übernachtungen pro Jahr
overnight stays per year

927.737
Ankünfte / arrivals

4 Nächte / nights
Durchschnittliche Aufenthaltsdauer
Average tourist stay

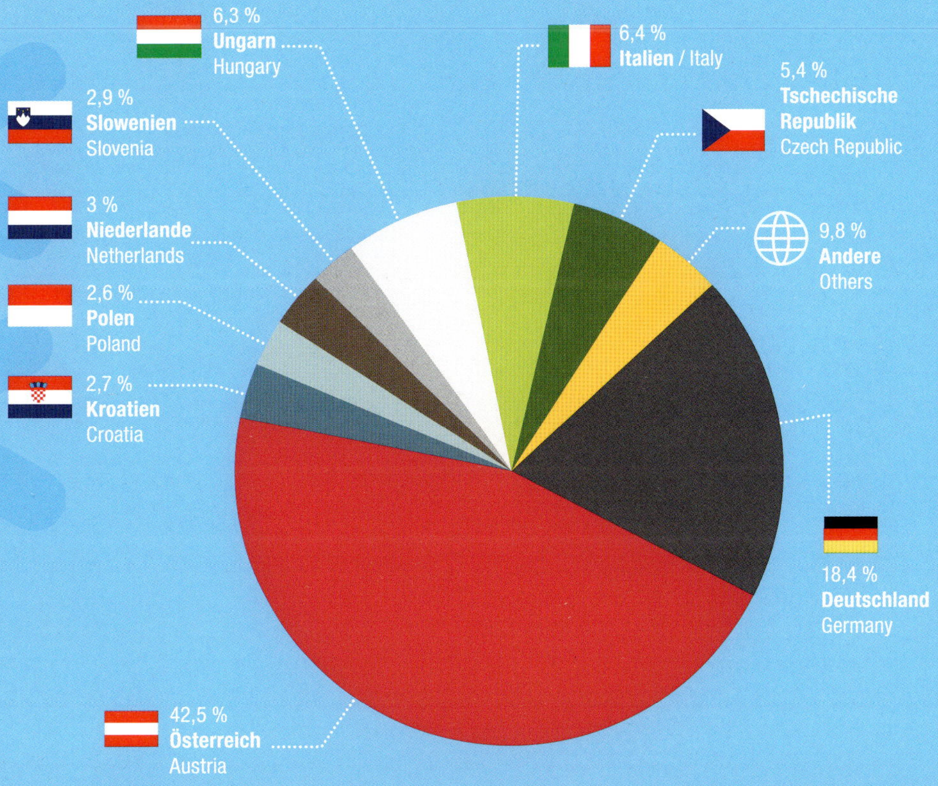

Einmal um die ganze Welt
Once around the world

In Minimundus ist die New Yorker Freiheitsstatute nur wenige Schritte von der Kathedarale Sagrada Familia in Barcelona entfernt und auch das Opernhaus Sydney ist nicht weit. / At the Minimundus, the New York Statue of Liberty is only a few steps away from the Cathedral Sagrada Familia in Barcelona and the Sydney Opera House is right around the corner.

MINIMUNDUS

Eröffnet am 3. Juli 1959
Opened on 3rd July 1959

ATTRAKTIONEN / ATTRACTIONS

2,6 ha
Gesamtfläche
Total area

2,5–13 Stunden / hours
Aufenthaltsdauer
Length of stay

Reinerlös → Verein „Rettet das Kind", Kärnten
Net proceeds taken in by the association "Save the Children" in Carinthia

(fast) alle im Maßstab
(nearly) all on a scale of
1:25

12,80 m
Eiffelturm, Paris
Eiffel Tower, Paris

ca. 180
Modelle / models
(Bauwerke, Schiffe, Eisenbahnen – großteils aus Originalmaterialien)
(buildings, ships, railroads – most of them made from original materials)

50
Länder
countries

1.500 m²
Indoor-Erlebniswelt
Indoor adventure world
(4D-Kino, interaktive Globen, NASA Livestream, Modelleisenbahn ...)
(4D cinema, interactive globes, NASA livestream, model railroad ...)

1,5 m

Klagenfurt am Wörthersee

250.000–300.000
Besucher pro Jahr
visitors per year

Ø 5.000 km
legt jede Lokomotive in Minimundus pro Jahr zurüc
is covered each year by every locomotive at the Minimundus.

400 m²
Abenteuer-Spielplatz
Adventure playground

Burg Hochosterwitz, Launsdorf
Ältestes Modell (1959)
Hochosterwitz Castle, Launsdorf
Oldest model (1959)
Maßstab / Scale 1:50

Tower Bridge, London
Wird ∅ 1.000 Mal pro Jahr geöffnet.
(dauert ca. 5 Min.)
Opened ∅ 1,000 per year
(takes about 5 min.)

Hollywood-Schriftzug, Los Angeles
Eines der meistfotografierten Modelle
Hollywood sign, Los Angeles
One of the most-photographed models

Petersdom, Rom
Teuerstes Modell,
längste Bauzeit (7 Jahre)
St. Peter's Basilica, Rome
Most expensive model,
took longest to build (7 years)

Schloss Miramare, Triest
Exakte Feinarbeit: Fassade
besteht aus 28.000 Marmorsteinchen
und 25.000 Sandsteinchen.
Miramare Castle, Trieste
Exacting precision work:
Façade is made of 28,000 marble
bricks and 25,000 sandstone bricks.

Raddampfer Natchez, New Orleans
Planer des Originalschiffs reiste
zweimal von Kentucky nach Kärnten,
um Modellbauer zu unterstützen.
Steamboat Natchez, New Orleans
The designer of the original ship
came to Carinthia twice from Kentucky
to assist the model builders.
115 kg

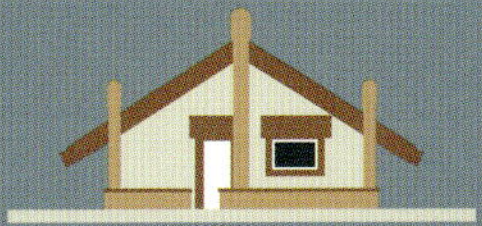

Maori-Gemeinschaftshaus, Neuseeland
Original am weitesten
entfernt (18.325 km)
Maori Communal House, New Zealand
Most remote original
(18,325 km from Carinthia)

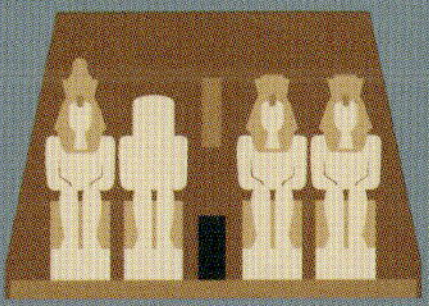

Abu Simbel, Ägypten
Ältestes nachgebildetes
Original (13. Jh. v. Chr.)
Abu Simbel, Egypt
Oldest original
(13th century BC)

Wiesbadener Kurhaus
Wegen rascher Entwicklung
im Modellbau schon dreimal gebaut!
Wiesbaden Kurhaus
Due to rapid developments
in model-making already
the third version!

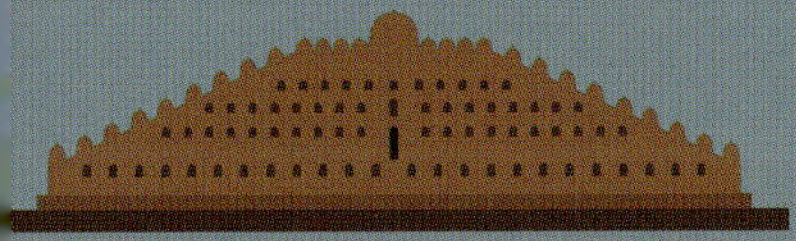

Borobudur-Tempel, Indonesien
Empfindlichstes Material (Lavabasalt)
Temple of Borobudur, Indonesia
Most sensitive material (lava basalt)

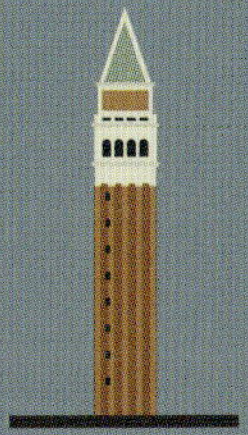

Campanile, Venedig
53.000 Klinkerziegel,
3.200 Marmorteile
Campanile, Venice
53,000 clinker bricks,
3,200 marble pieces
800 kg

CN Tower, Toronto
Höchstes Modell (22,13 m)
Tallest model (22.13 m)
19,5 t

Kärntner Hochzeit*
Carinthian Wedding*

Die Kärntner*innen und ihre Kinder / The Carinthians and their children

2.438
Eheschließungen 2020
Marriages in 2020

33
Davon gleichgeschlechtliche Partner
Thereof with same-sex partners

10 ♂+♂ 23 ♀+♀

39 %
Scheidungsrate
Divorce rate

Durchschnittsalter
Average age

♀ 32,7 ♂ 34,9

Geburtsland der Partner
Partners' country of birth

- Österreich + Österreich: 1.900
- Österreich + nicht Österreich: 403
- nicht Österreich + nicht Österreich: 135

Wann geheiratet wird
Marriage months

- 👍 **August** / August
- 👎 **Januar** / January

Die beliebtesten Vornamen
The most popular first names

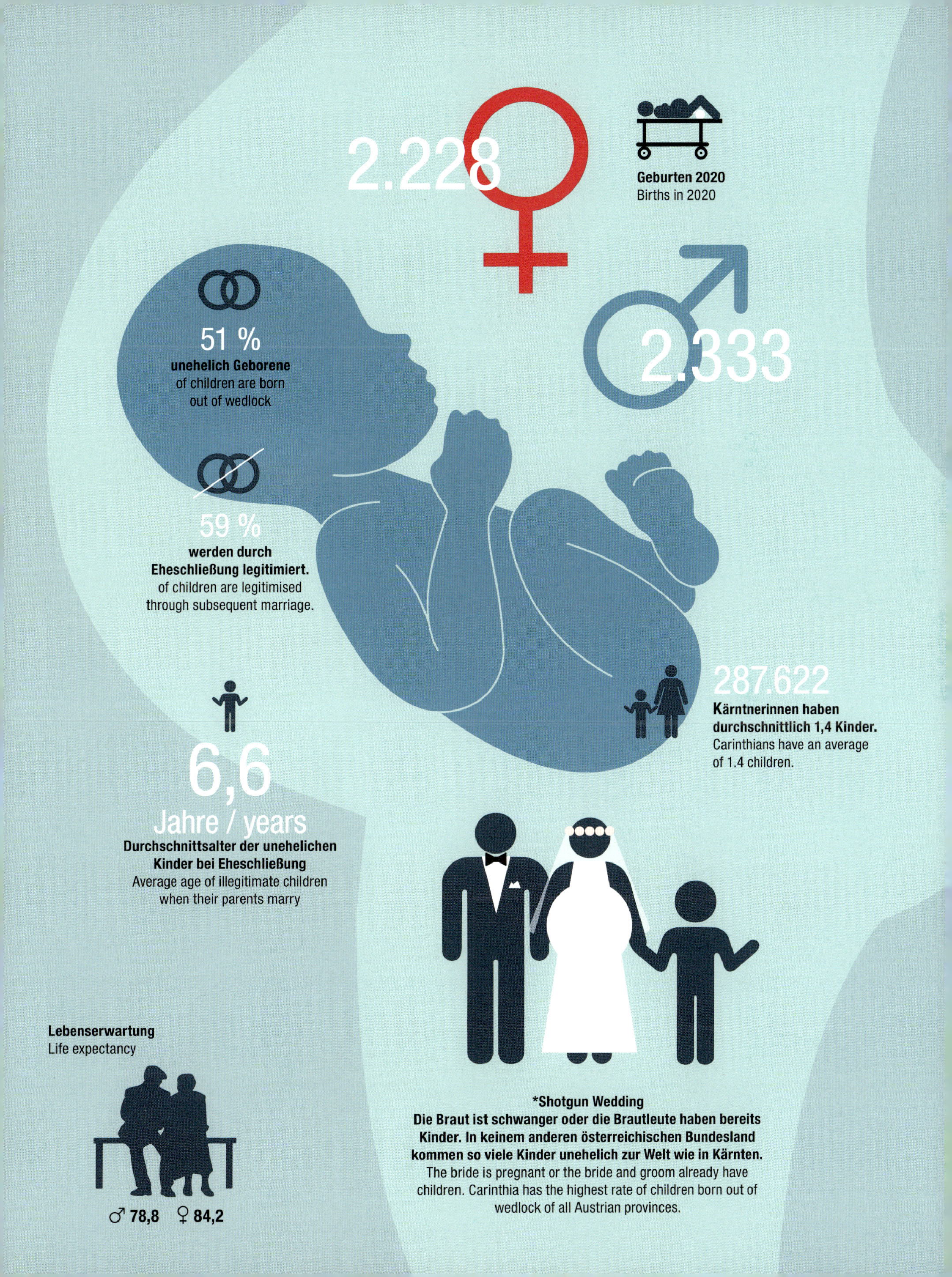
2.228
Geburten 2020
Births in 2020
2.333
51 %
unehelich Geborene
of children are born out of wedlock
59 %
werden durch Eheschließung legitimiert.
of children are legitimised through subsequent marriage.
287.622
Kärntnerinnen haben durchschnittlich 1,4 Kinder.
Carinthians have an average of 1.4 children.
6,6
Jahre / years
Durchschnittsalter der unehelichen Kinder bei Eheschließung
Average age of illegitimate children when their parents marry
Lebenserwartung
Life expectancy
♂ 78,8 ♀ 84,2
*Shotgun Wedding
Die Braut ist schwanger oder die Brautleute haben bereits Kinder. In keinem anderen österreichischen Bundesland kommen so viele Kinder unehelich zur Welt wie in Kärnten.
The bride is pregnant or the bride and groom already have children. Carinthia has the highest rate of children born out of wedlock of all Austrian provinces.

Planet Wissen
Planet Knowledge

Hier wird in Kärnten die Schulbank gedrückt. / A survey of Carinthia's educational landscape.

SCHÜLERZAHLEN / PUPIL NUMBERS

(10-Jahres-Durchschnitt / 10-year average)

48 % 52 %

20.535
Volksschulen
Primary schools

47 % 53 %

12.851
Neue Mittelschulen
Compulsory secondary schools

31 % 69 %

376
Allgemeine Sonderschulen
Academic special needs schools

54 % 46 %

15.426
Berufsbildende mittlere und höhere Schulen
Schools for intermediate and higher vocational education

54 % 46 %

13.188
Allgemeinbildende höhere Schulen
Academic secondary schools

BILDUNGSEINRICHTUNGEN / EDUCATIONAL INSTITUTIONS

61
Neue Mittelschulen
Compulsory secondary schools

6
Sonderschulen
Special needs schools

7
Polytechnische Schulen
Polytechnical schools

11
Berufsschulen
Part-time vocational schools

50
Berufsbildende und mittlere Schulen
Schools for intermediate vocational education

21
Allgemeinbildende höhere Schulen
Academic secondary schools

1
Pädagogische Hochschule
University College of Teacher Education

5
Fachhochschul-Campusse
University of Applied Sciences campuses

17
Volkshochschulen
Adult education centres

27
Musikschulen
Music schools

11
Surf- und Segelschulen
Surfing and sailing schools

25
Tanzschulen
Dance schools

219
Volksschulen
Primary schools

1
Universität
University

1
Privatuniversität
Private university

23 Fahrschulen
Driving schools

22
Baumschulen
Tree nurseries

10
Hundeschulen
Pet obedience schools

ILDUNGSSTAND / LEVEL OF EDUCATION

chulabschlüsse der 25–64-Jährigen / School-leaving qualifications of persons aged 25–64

	Pflichtschule oder weniger Compulsory schooling or less		**Lehre mit begl. Berufsschule** Apprenticeship with vocational school		**Mittlere und höhere Schule** Lower and higher secondary school		**Hochschule, Akademie** University, academy	
	16 %	20 %	31 %	26 %	35 %	33 %	18 %	21 %
	11 %	15 %	48 %	41 %	28 %	27 %	13 %	17 %
insgesamt in total	14 %	18 %	39 %	33 %	31 %	30 %	16 %	19 %

KADEMIKERANTEIL / SHARE OF ACADEMICS

2001 9 % 9 %

2019 18 % 13 %

NIVERSITÄTEN UND STUDIERENDE / UNIVERSITIES AND STUDENTS

1

lpen-Adria-Universität Klagenfurt (AAU)
seit / since **1970**
ca. 12.000 Studierende / students
62 % **38 %**
4 Fakultäten / faculties
50 Studien / degree programmes
1.500 Mitarbeiter*innen / staff
272 Partner-Unis / partner universities
Medienbestand der Bibliothek / Library holdings:
1.033.000 Bände / books
36.000 Zeitschriften / periodicals

Slogan
„809 Schritte von der Uni bis zum Wörthersee“
“809 steps from the university to Lake Wörth”

2

Pädagogische Hochschule Kärnten – Viktor Frankl Hochschule, Klagenfurt
ca. 450 Studierende / students
88 % **12 %**
4 Institute / institutes
2 Departments / departments
Medienbestand der Bibliothek / Library holdings:
94.000 Bände / books
135 Zeitschriften / periodicals
3.300 →
Wörthersee / Lake Wörth

3

Gustav Mahler Privatuniversität für Musik Klagenfurt (GMPU)
seit / since **2019**
(jüngste Privatuniversität Österreichs / youngest private university in Austria**)**
ca. 250 Studierende / students
48 % **52 %**
2 Studienrichtungen / fields of study
Medienbestand der Bibliothek / Library holdings:
50.000 Noten / musical scores
10.000 Bücher / books
2.000 Handschriften / manuscripts
4.000 Tonträger / recording media
4.700 →
Wörthersee / Lake Wörth

Fachhochschule Kärnten
seit / since **1995**
ca. 2.650 Studierende / students
60 % **40 %**
5 Campusse / campuses
40 Studiengänge / degree programmes
120 Partnerhochschulen / partner universities

4
Campus Klagenfurt, Primoschgasse
6.400 →
Wörthersee / Lake Wörth

5
Campus Klagenfurt, St.-Veiter-Straße
5.200 →
Wörthersee / Lake Wörth

6
Campus Feldkirchen
3.000 →
Flatschacher See / Lake Flatschach

7
Campus Villach
900 →
Magdalensee / Magdalensee

8
Campus Spittal/Drau
4.100 →
Millstätter See / Lake Millstatt

Bahn frei für Drahtesel

Make way for cyclists!

Unterwegs auf dem Kärntner Radwegenetz / Carinthia's network of bicycle paths

Radweg Nr. Radweg No.	**Bezeichnung** Name	**Länge in km** Length km
R1	**Drauradweg**	**228,0**
R1A	Amlacher Radweg	24,7
R1B	Faaker-See-Radweg	12,1
R1C	Rosental-Radweg	20,4
R1D	Jauntal-Radweg	37,5
R1E	Seeberg-Radweg	21,0
R1F	Klopeiner-See-Radweg	15,0
R1G	Edlinger Radweg	13,0
R1H	Wasserhofner Radweg	5,8
R1K	St.-Martiner-Radweg	13,7
R2	**Ossiacher-See-Radweg**	**46,7**
R2A	Ossiacher Radweg	13,7
R2B	Millstätter-See-Radweg	45,1
R2C	Turracher Radweg	33,6
R2D	Kleinkirchheimer Radweg	6,0
R2E	Werschlinger Radweg	5,3
R3	**Gailtal-Radweg**	**86,6**
R3A	Pressegger-See-Radweg	11,2
R3B	Weißensee-Radweg	13,1
R3C	Tarviser Radweg	13,4
R3D	Warmbader Radweg	10,1
R3E	Radendorfer Radweg	12,6
R4	**Wörthersee-Radweg**	**31,9**
R4A	Vier-Seental-Radweg	25,3
R4B	Lendkanal-Radweg	4,0
R4C	Rossegger-Radweg	1,2
R5	**Glan-Gurk-Radweg**	**55,8**
R5A	Wimitz-Radweg	40,6
R5B	Gurk-Radweg	43,2
R6	**Völkermarkter Radweg**	**63,6**
R6A	Grafensteiner Radweg	12,0
R6B	Haimburger Radweg	19,0
R7	**Friesacher Radweg**	**55,2**
R7A	Görtschitztaler Radweg	63,0
R7B	Kappeler Radweg	19,4
R7C	Silberegger Radweg	8,1
R7D	Meiseldinger Radweg	10,5
R7E	Metnitzer Radweg	28,9
R7F	Geiersdorfer Radweg	13,2
R7G	Loibl-Radweg	14,9
R8	**Glockner-Radweg**	**78,9**
R9	**Lieser-Radweg**	**17,6**
R9A	Lendorfer Radweg	8,7
R9B	Malta-Radweg	16,0
R10	**Lavant-Radweg**	**57,9**

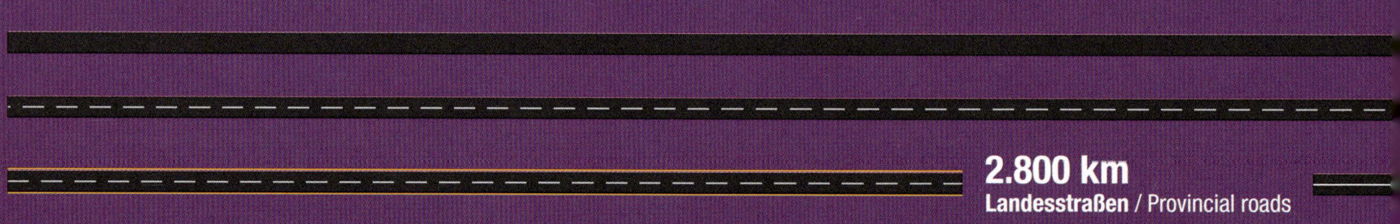

34 Radbox-Standorte
Bicycle parking facilities

7 in Klagenfurt

R7G – Loibl-Radweg
Der am schwächsten frequentierte
The least frequented

R1 – Drauradweg
Einer der beliebtesten Europas
One of the most popular in Europe

R4B – Lendkanal-Radweg
Der am stärksten frequentierte
The most frequented

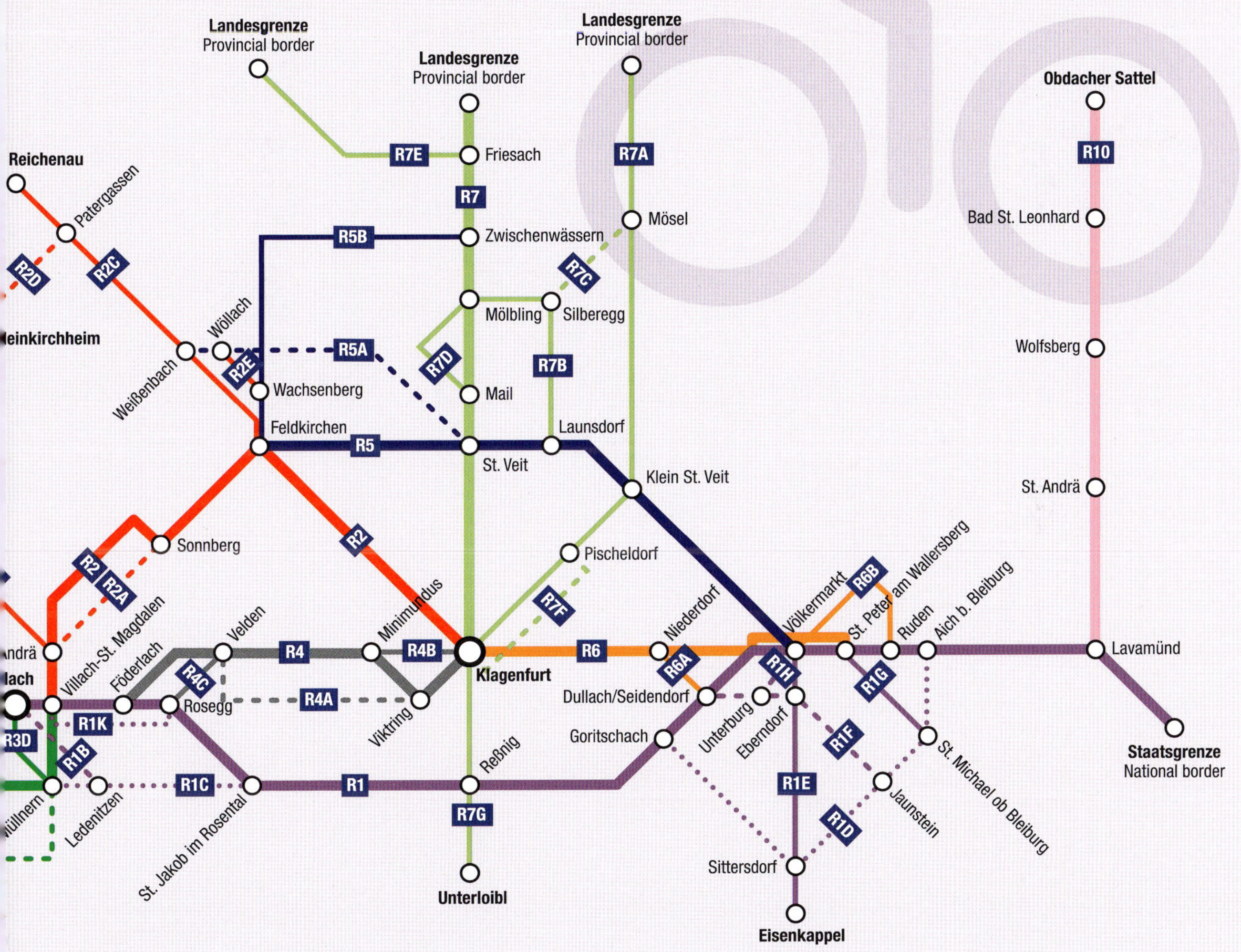

5.000 km
Gemeindestraßen / Municipal roads

230 km
Autobahnen / Motorways

8.600 km
Ländliches Wegenetz / Rural road network

1.378 km
Obige Radwege / Bicycle paths

Wie heißen Sie?
What's your name?

Typische Kärntner Familiennamen
Typical Carinthian surnames

STEINER
Müller Hofer
PIRKER
EGGER
Moser
Winkler
Maier & Mayer
Pichler
Ebner Rainer
Huber

Brunner
Rauter
Lackner
Gruber
Leitner
Kogler
Kofler Unterköfler
Berger Thaler
Fischer
Baumgartner

Wieser Wallner
Steinwender
Ortner
OGRIS
Hafner
Brandstätter Schurian
Oraze
STERNIG
Goritschnig
Werkl

Perdacher
Kattnig
Oberlechner
Dobernig
Napetschnig
Klimbacher
Pasterk
Kraßnitzer Sabitzer
Slamanig
Janesch
Korenjak
FELSBERGER FLASCHBERGER
Tschernutter
Spendier Kuchling
Grilz Kitz
Altersberger
DROBESCH
Matschek
KULTERER
Korak Morak
SALBRECHTER
Klatzer
Mischitz
Weratschnig
Amlacher
PENKER
Isopp
Petritz
Kopeinig
Trampitsch
Smole
Ressmann
TELSNIG
Zraunig
Kropfitsch
Pirolt
Lauritsch
LESSIAK
Jernej

Lei låsn!
Take it easy!

Wie man in Kärnten kommuniziert.
How people in Carinthia communicate.

GRAMMATIK
GRAMMAR

Verkleinerungsformen / Diminutive forms:

+ -le
(Sing. / sing.)

+ -lan
(Plural / plur.)

Bächlein → *Bachle/Bachlan*
Häuslein → *Haisle/Haislan*
Blümchen → *Bleamle/Bleamlan*
Brettchen → *Brettle/Brettlan*
Schälchen → *Schalale/Schalalan*

ane

Plural kennt unbestimmten Artikel.
Indefinite article used for plurals.

ane Bleamlan, ane Schalalan

AUSSPRACHE
PRONUNCIATION

ch → h

sicherlich → *sihalih*

Kärntner Dehnung: standarddeutsch kurze Vokale werden lang.
Carinthian elongation: short vowels in standard German become longer.

aeiou → a e i o u

„offen" klingt wie / sounds like „Ofen"
„wissen" wie / sounds like „Wiesn" (Wiese)

Stimmhafte Konsonanten werden häufig stimmlos ausgesprochen.
Voiced consonants are often pronounced unvoiced.

beide → *pade*
dort → *tuatn*
wie / like „Torte"

Baum → *Pam*
(ich) sage → (i) *såk*
wie / like „Säge", „Sack"

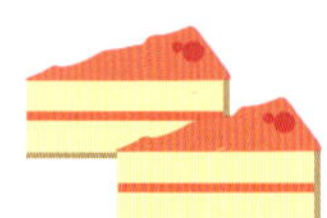

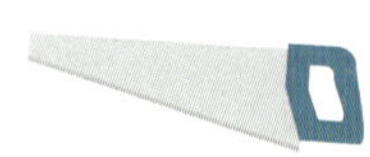

ü → i u ia ua ea

Hütte → *Hitn*
Strümpfe → *Strimpf*
Schüssel → *Schissl*
hüpfen → *hupfn*
bücken → *buckn*

Kühe → *Kia*
Tür → *Tia*
Rübe → *Ruabn*
brüten → *bruatn*
Blümchen → *Bleamle*

a

ein, eine (unbestimmter Artikel für alle Geschlechter / indefinite article for all genders) *a Mandle, a Weible, a Kind*

1 (Zahlwort / numeral)

auch / also/too (Adverb / adverb) *Gib ma a wås!* Give me something too!

Ausruf der Ablehnung Exclamation of disagreement: *A, des måg i nit!* Oh, I don't like that!

Ausruf der Zustimmung Exclamation of agreement: *A, des is guat!* Oh, that's good!

ma

Ausruf des Unwillens / Exclamation of displeasure: *Ma, net scho wieda!* Oh no, not again!

mir / me *Gib ma a wos!* Give me something too!

Ausruf des Bedauerns Exclamation of commiseration: *Ma, bist du årm!* My, are you poor!

wir / us *Fåhr ma Turrach.* Let us go to Turrach.

Ausruf des Entzückens Exclamation of delight: *Ma, is des schen!* My, is that lovely!

man / one *Des mächt ma nit!* One shouldn't do that!

Kärntner Vokabular / Carinthian vocabulary

Essen & trinken
Eating & drinking

åbelatn: schnell trinken / drink quickly
åbewiagn: hinunterwürgen, schlingen / bolt down
åbkiefln: abnagen / nibble off
ånpåmpfn: sich vollessen / gorge oneself
aufstaggan: Essen zerteilen / cut up food
biaschtln: viel trinken / drink a lot
einefuatan: schlingen / bolt down
nischgln: naschen / snack

Nahrungsmittel
Foods

Ale: kleines Ei / small egg
Blunzn: Blutwurst / blood sausage
Brantschalan: geröstete Kasnudeln / roasted Kasnudeln
Glundna: Kochkäse / cooked cheese
Grantn: Preiselbeeren / mountain cranberries
Hadn: Buchweizen / buckwheat
Maischalan: *(auch / also:* Lebalan) Laibchen aus u. a. Kopffleisch und Rollgerste im Schweinsnetz / small patties made out of e.g. head meat and pearl barley in caul fat
Maitschgalan: *(auch / also:* Mauchalan) Stachelbeeren / gooseberries
Manestra: eine Art Minestrone, gehaltvoller Eintopf / a kind of thick Minestrone
Muan: Brombeeren / blackberries
Pånzga: Käferbohnen / runner beans
Potizn: (*slow. / Slov.:* Potica) Rollkuchen / cake roll
Sasaka: (*slow. / Slov.:* Zaseka) Fleischaufstrich, Verhackertes / bacon jam
Schmålzmuas: süßer Nudelreis / sweet noodle and milk dish
Strankalan: grüne Bohnen / green beans
Tiaknsteaz: Schmarren aus Maisgries / cut-up cornmeal pancakes
Tiakntschuatschn: Maiskolben / corn on the cob
Zuckareinkale: kleine Schwester des Reindlings ohne Rosinen / little sister of the Reindling yeast cake, without raisins

Liebesg'schichten
Love stories

åbschnuddeln: küssen / to kiss
Busale: Küsschen / little kiss
Gschamstara: Geliebter / beloved
Lota: stattlicher Kerl / big guy
prentln: fensterln / climb through one's sweetheart's window
Rahmschissalan: Büstenhalter / bra
Taubm: Mädchen / girl
Zatale: Liebling / darling

Schimpfen und Schimpfwörter
Cursing and swear words

Bisguan: unhöfliche Frau / impolite woman
Blunzn: unsympathische Frau / disagreeable woman
Bosnigl: bösartiger Mensch / evil person
Dåldra: geschwätzige Frau / talkative woman
Fakle: Schmutzfink / litterbug
Funzn: unangenehme Frau / objectionable woman
Klachl: schwerfälliger, ungehobelter Mann / clumsy, uncouth man
Låp: Einfaltspinsel / simpleton
lek Bukl!: *(auch / also:* Lek Fetn! Lek Frack!) Varianten des Götzzitats / variant of the "Swabian salute" ("Kiss my arse!")
Lugntschipl: Lügner / liar
ma bittschen ha!: Ausruf des Überdrusses / exclamation of weariness
Malefitz nochamål!: Verdammt! / Damn!
måtschgan: nörgeln / nag
Maulaufkirchtåg: Angeber / braggart
Mistale: schlimmes Kind / naughty child
Nupla: Taugenichts / slacker
Påtschlumpe: Tollpatsch / dolt
Pleampl: einfältiger Mann / simple-minded man

Ratschkatl: *(auch / also:* Ratschn) geschwätzige Frau / talkative woman
Sempahefn: Nörgler / grumbler
Staudnhuka: Feigling / coward
Stiazla: Herumtreiber / drifter
Teaz: *(auch / also:* Tegl) Trottel / fool
Togga: Dummkopf / dunce
Treapm: *(auch / also:* Tschåldra,Trånga) einfältige Frau / simple-minded woman
Tschentsche: Nörgler / grumbler
Tschmaungge: Jammerer / complainer
Tschriasche: Schwachkopf / dimwit
Tschumpa: *(auch / also:* Tschumplhuaba) Schwachkopf / dimwit
Tule: sturer Mensch / stubborn person
umasiadn: nörgeln / grumble
Wabm: Weib (derb) / woman (crude)
Weschgl: Lausbub, Schlingel / rascal, rogue
Zipfa: Stänkerer / troublemaker
Zweschpl: einfältiger (meist junger) Mensch / simple-minded (usually young) person

Wenig oder nichts tun
To do little to nothing

ausetrazn: hinauszögern / stall
farfln: Belangloses reden / idle talk
fudln: planlos hantieren / haphazard behaviour
klunzn: sich beklagen / complain
lei låsn!: lass gut sein! / Take it easy!
nåpfazn: ein Nickerchen machen / take a nap
potschasne: (*slow. / Slov.:* počasen) langsam / slow
Puz liacht!: Was soll's! Egal! / So what! Who cares?
tschuan: *(auch / also:* umatschuan, -tschupan) trödeln / dawdle
umapfleastan: herumsitzen / sit about

Alles Alpe-Adria
Alpe Adria for all

Mittendrin, statt nur dabei.
Kärnten und die Alpe-Adria-Idee
Right in the heart of things.
Carinthia and the Alpe Adria concept

Alpen-Adria-Gymnasium
Gymnasium mit Partnerschulen, Sprachwochen usw. in Völkermarkt
Secondary school in Völkermarkt with partner schools, language weeks etc.

Hypo-Alpe-Adria-Bank
Ehemalige Landesbank, die das Land an den Rand der Pleite brachte
Former Carinthian bank that brought the province to the brink of bankruptcy.

Alpen-Adria-Platz
Klagenfurt

Alpenadria Stadthotel
Hotel in Klagenfurt
Hotel in Klagenfurt

Alpen Adria Hotel & Spa
Hotel am Presseggersee
Hotel on Lake Pressegg

Alpen Adria Genussmeile
Alpe Adria Gourmet Mile
Handverlesene Produzenten präsentieren im Rahmen der Tage der Alpen-Adria-Küche Produkte.
Handpicked producers present their wares during the Alpe Adria Cuisine Days.

Tage der Alpen-Adria-Küche
Alpe Adria Cuisine Days
Internationale Gastköche treffen im September auf Top-Köche in Klagenfurt.
International guest chefs meet up with top regional chefs in Klagenfurt in September.

Alpe-Adria-Küche
Alpe Adria cuisine
Verbindet die österreichische, slowenische und italienische Küche.
Combines Austrian, Slovenian and Italian influences.

Alpe Adria Magazin
Reise- und Genussmagazin
Travel and gourmet magazine

Alpe Adria Guide
Restaurantguide
Restaurant guide

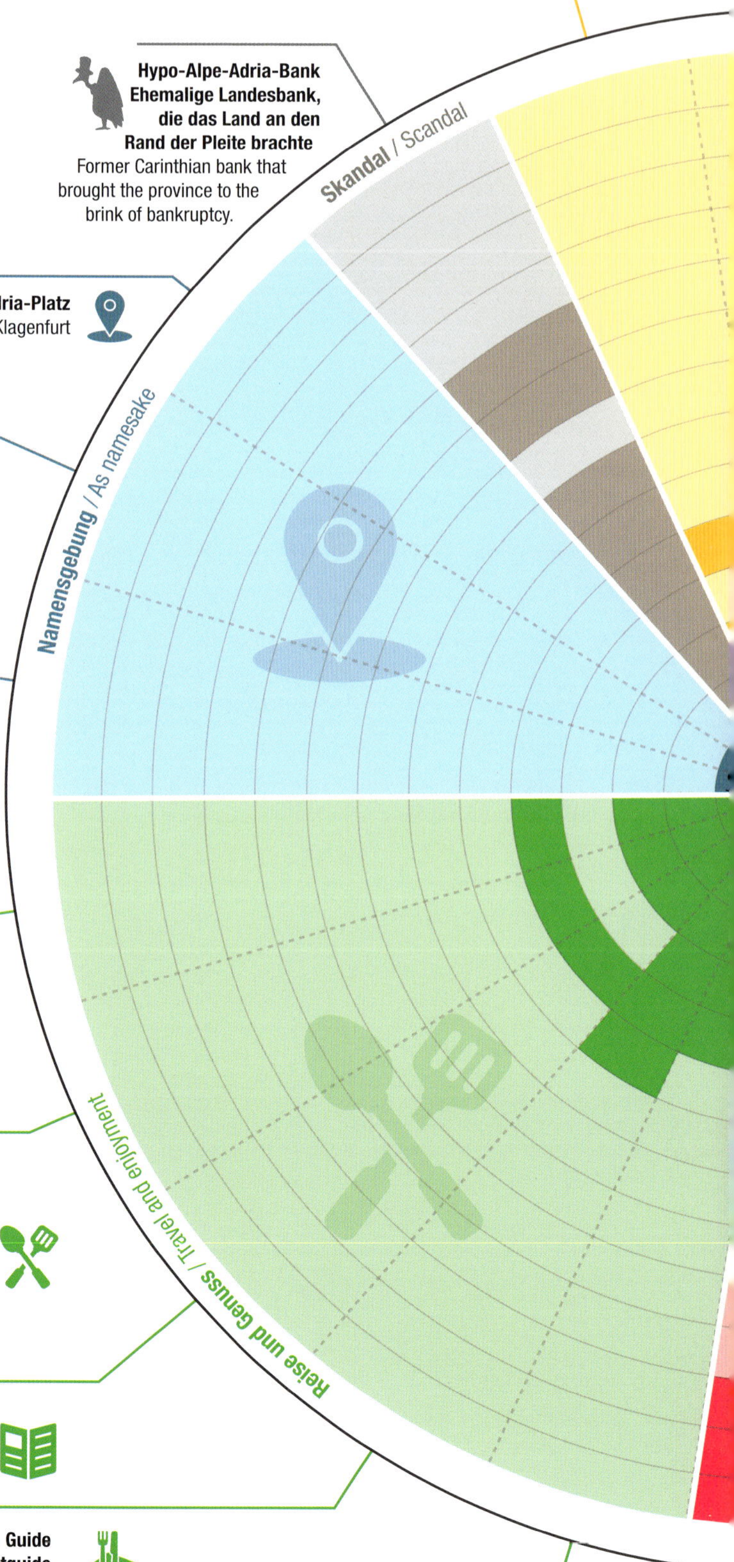

Alpe-Adria Allianz
Alps-Adriatic Alliance
Netzwerk zur projektorientierten Zusammenarbeit
Network for project-oriented cooperation

Wirtschaftsraum Alpe Adria
Alpe Adria Economic Area
Grenzüberschreitende Kooperationen und Wirtschaftsaktivitäten
Cross-border cooperation and business activities

New-Alpe-Adria-Netzwerk (NAAN)
New Alpe Adria Network (NAAN)
4 Länder, 10 Wirtschafts-, Handels-, Industrie- und Handwerkskammern: Ziel: 1 EU-Makroregion
4 countries, 10 chambers of commerce, industry and crafts, with the goal to create an EU macroregion

Agrarmesse Alpen-Adria
Alpe-Adria Agricultural Fair
Branchentreff der Landwirtschaft in Klagenfurt
Agriculture industry get-together in Klagenfurt

Alpen-Adria-RektorInnenkonferenz (AARC)
Alps-Adriatic Rectors' Conference (AARC)
Kooperation von über 40 Universitäten und Hochschulen
Network of over 40 universities

Alpen-Adria-Universität (AAU)
Bezeichnung der Universität Klagenfurt
Name of the University of Klagenfurt

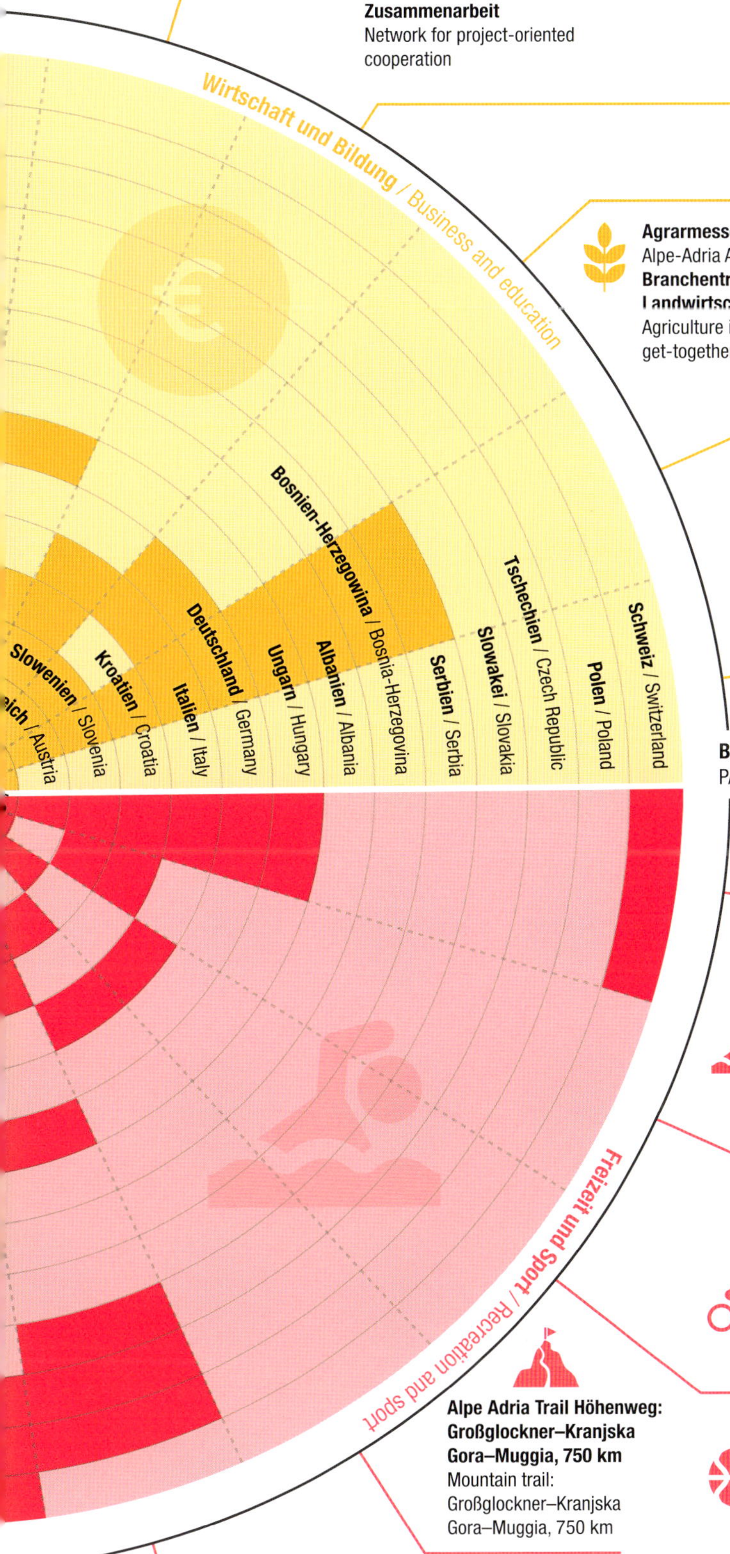

BETEILIGTE LÄNDER
PARTICIPATING COUNTRIES

Alpe Adria Orienteering Cup
Ländervergleichswettkampf von 17 Orientierungslauf-Verbänden
Interstate competition between 17 orienteering clubs

Alpen Adria Swim Cup
Veranstaltungsreihe für Freiwasserschwimmer*innen aus aller Welt
Open water swimming event series

Ciclovia Alpe Adria Radweg
Fernradweg Salzburg–Grado, 410 km
Long-distance cycle route Salzburg–Grado, 410 km

Alpe Adria Trail Höhenweg: Großglockner–Kranjska Gora–Muggia, 750 km
Mountain trail: Großglockner–Kranjska Gora–Muggia, 750 km

Alpe Adria Cup (AAC)
Basketballwettbewerb von Erstligamannschaften
Basketball tournament for first-division teams

Alpe Adria Cup
Internationaler Segelflugwettbewerb am Flugplatz Feldkirchen
International gliding competition at Feldkirchen airfield

Dober dan, Koroška!
Guten Tag, Kärnten!
How do you do, Carinthia?

Slovenščina je drugi deželni jezik, jezik soseščine in povezovalni jezik z Jugovzhodno Evropo. / Slowenisch ist zweite Landessprache, Nachbarschaftssprache und Brückensprache nach Südosteuropa. / Slovenian is the second official language of Carinthia, a neighbourhood language and a bridge to South-Eastern Europe.

PREDSTAVNIŠKE ORGANIZACIJE SLOVENSKE MANJŠINE NA KOROŠKEM
VERTRETUNGSORGANISATIONEN DER SLOWENISCHEN VOLKSGRUPPE
ORGANISATIONS REPRESENTING THE SLOVENE ETHNIC GROUP

NARODNI SVET KOROŠKIH SLOVENCEV
www.nsks.at

ZSO
https://zso.slo.at

SKS
www.skupnost.at

Nagrade / **Preise** / Prizes
- Einspielerjeva nagrada
  Einspieler-Preis
  Einspieler Prize
- Rizzijeva nagrada
  Rizzi-Preis
  Rizzi Prize
- Kugyjeva nagrada
  Julius-Kugy-Preis
  Julius Kugy Prize

SLOVENSKA LEDINSKA IMENA NA KOROŠKEM
SLOWENISCHE FLURNAMEN IN KÄRNTEN
SLOVENIAN FIELD NAMES IN CARINTHIA

Nematerialna kulturna dediščina
Immaterielles Kulturerbe
Intangible Cultural Heritage

UNESCO

Ljubelj / Loiblpass,
Pavličevo sedlo / Paulitschsattel,
Jezerski vrh / Seebergsattel ...

Poden / Bodental, Podjuna / Jauntal,
Rož / Rosental, Čepa / Tscheppaschlucht ...

Vrbsko jezero / Wörthersee,
Dolgo jezero / Längsee,
Boršt / Forstsee ...

Dobrač / Dobratsch,
Veliki Stol / Hochstuhl,
Košuta / Koschuta ...

Drava / Drau,
Glina / Glan,
Krka / Gurk ...

IZ ZGODOVINE / **GESCHICHTLICHES** / HISTORY

500–900

Alpski Slovani poselijo koroško ozemlje – Osnovanje kneževine Karantanija – Karantanci preidejo pod oblast Bavarcev
„Alpenslawen" besiedeln den Kärntner Raum – Gründung Fürstentum Karantanien – Karantaner geraten unter die Oberhoheit der Bayern.
"Alpine Slavs" settle Carinthian region – Principality of Carantania founded – Carantanians fall under the suzerainty of the Bavarians.

1400–1900

Med Šmohorjem in Labotom nastaja slovensko-nemška jezikovna razmejitev; oblikuje se slovensko pisno izročilo.
Slowenische Schrifttradition entsteht sowie slowenisch-deutsche Sprachgrenze zwischen Hermagor und Lavamünd.
Slovenian writing tradition emerges as well as Slovenian-German language border between Hermagor and Lavamünd.

1920

Koroški plebiscit
Kärntner Volksabstimmung
Carinthian plebiscite

59,04 %
ljudi glasuje za to, da južna Koroška ostane del Avstrije.
stimmen für den Verbleib Südkärntens bei Österreich.
vote for southern Carinthia to remain part of Austria.

BRAŽEVALNE USTANOVE S PROGRAMI V SLOVENSKEM JEZIKU
DUNGSINSTITUTIONEN MIT SLOWENISCHEM SPRACHANGEBOT
JCATIONAL INSTITUTIONS THAT TEACH SLOVENIAN

3
splošnoizobraževalne in poklicne višje šole
Allgemeinbildende und berufsbildende höhere Schulen
general and vocational secondary schools

26
otroških vrtcev
Kindergärten
kindergartens

17
srednjih šol
Mittelschulen
lower secondary schools

55
ljudskih šol
Volksschulen
primary schools

15
varstvenih ustanov, jasli, vrtcev
Kindertagesstätten, -krippen, -horte
day-care centres, crèches, nurseries

1
glasbena šola
Musikschule
music school

Morhorjeva / **Hermagoras**
(od / **seit** / since **1851**)

družba, založba, knjigarna, tiskarna, šola, Slomškova hiša (po ustanovitelju)
Verein, Verlag, Buchhandlung, Druckerei, Schulwesen, Slomšekhaus (nach dem Gründer)
Association, publishing house, bookshop, print shop, schools, Slomšek House (named after founder)

neguje slovenski jezik
pflegt die slowenische Sprache
promotes the Slovenian language

TV

ORF 2, Ned / **So** / Sun
Dober dan, Koroška **(Guten Tag Kärnten** / How do you do, Carinthia?)

RADIO

Radio Agora (od / **seit** / since **1998**)
nekomercialna radijska postaja, ki jo upravlja
nichtkommerzieller Sender, betrieben von
non-commercial broadcaster operated by
„AGORA-Verein Arbeitsgemeinschaft offenes Radio/Avtonomno gibanje odprtega radia"

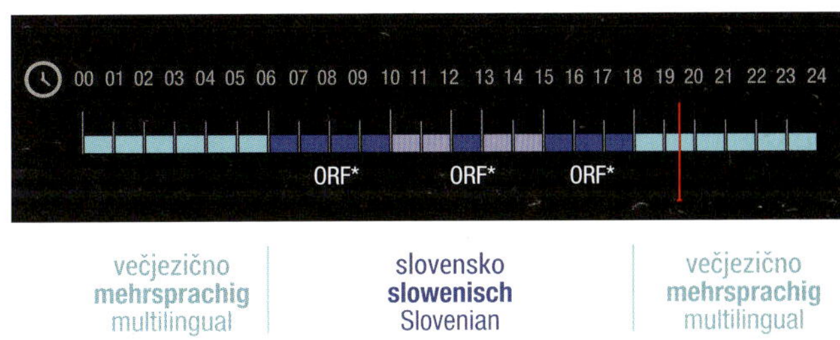

* oddajanje / **Gestaltung** / Design
ORF, Koroški deželni studio / **Landesstudio Kärnten** / Regional studio Carinthia

1955

Člen 7 Avstrijske državne pogodbe zagotavlja pravice slovenski in hrvaški narodni manjšini.
Art. 7 des Österr. Staatsvertrags garantiert Rechte der slowenischen und kroatischen Minderheiten.
Art. 7 of the Austrian State Treaty guarantees the rights of the Slovene and Croat minorities.

2001

Zadnji popis o pogovornem jeziku.
Letzte Volkszählung, bei der die Umgangssprache erhoben wird.
Last census in which the colloquial language is surveyed.

12.554
oseb kot svoj pogovorni jezik navaja „slovenščino", 555 pa „vindiš".
Personen geben „Slowenisch" als Umgangssprache an, 555 „Windisch".
persons indicate "Slovenian" as their colloquial language, 555 "Windisch".

2011

Po skoraj 40 letih sporov je dosežen dogovor o postavitvi dvojezičnih krajevnih napisov v 164 krajih na avstrijskem Koroškem.
Nach fast 40-jährigem Ortstafelstreit werden in 164 Orten zweisprachige Ortstafeln aufgestellt.
After almost 40 years of dispute over place name signs, bilingual signs are put up in 164 towns.

Essen, wie die Feste fallen
Food is always a reason to celebrate

An den Wochenenden von Mai bis Oktober folgt ein kulinarisches Fest auf das andere.
Culinary events fill the calendar from May to October.

MOSTBARKEITEN · St. Paul im Lavanttal
Mai / May

171 kJ / 41 kcal *
Fruchtweine, -säfte, -liköre, -essige und -brände / Fruit wines, juices, liqueurs, vinegars and brandies

SPECKFEST · Hermagor
Juni / June

1.205 kJ / 289 kcal
Gailtaler Speck / Gailtal bacon

KRÄUTERFESTIVAL · Irschen
Juli / July

253 kJ / 60 kcal
Kräuter / Herbs

FISCHFEST · Feld am See
Juli / July

467 kJ / 111 kcal
„Kärntner Låxn", Saibling, Forelle, Reinanke / Kärntner Låxn lake trout, char, trout, whitefish

FRIGGA-FEST · Hermagor, Sonnenalpe Nassfeld
Juli / July
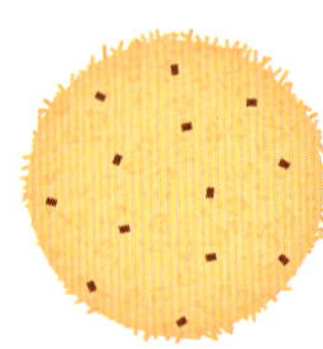
828 kJ / 198 kcal
Frigga und Frico / Potato, bacon and cheese omelette

ZIRBENFEST · Patergassen, Falkert
Juli / July

774 kJ / 187 kcal
Zirbe / Stone pine

KÄRNTNERNUDELFEST · Oberdrauburg
August

719 kJ / 170 kcal
Kärntnernudeln / Filled noodles

SALAMI FEST · Eberndorf
August

1.975 kJ / 476 kcal
Jauntaler Bauernsalami / Jauntal salami

RINDFLEISCHFEST · Ossiach, Gut Ossiacher Tauern
August

653 kJ / 155 kcal
Kärntner Rindfleisch / Carinthian beef

Oberkärnten / Upper Carinthia
Unterkärnten / Lower Carinthia

*** Nährwerte je 100 g**
Nutritional values per 100 g

EU-geschützte Marke, grüne Plomben: Bauern, rote Plomben: Fleisch
EU-protected trademark, green seals: farmers, red seals: butchers

HONIGFEST · Hermagor
August

1.283 kJ / 302 kcal

Honig, Bienen, Bienenprodukte / Honey, bees, bee products

POHAČA-FEST · Ferlach
August

1.480 kJ / 352 kcal

Pohača / Rolled yeast cake

PALATSCHINKENFEST · Baldramsdorf
August

1.005 kJ / 241 kcal

ca. 50 Palatschinken-Variationen / pancake variations

BROTFEST · Liesing im Lesachtal
September

769 kJ / 182 kcal

Brot aus Natursauerteig / / Natural sourdough bread

GLOCKNERLAMMFEST · Heiligenblut
September

1.118 kJ / 268 kcal

Glocknerlamm / Glockner lamb

HAD'N-HERBSTFEST · Neuhaus
September

524 kJ / 124 kcal

Had'n / Buckwheat

STRUDELFEST · Seeboden am Millstätter See
September

1.131 kJ / 270 kcal

ca. 30 Strudelvarianten / strudel variations

GULASCHFEST · Feldkirchen
September

806 kJ / 193 kcal

Gulasch-Variationen / Goulash variations

APFELFEST · St. Georgen im Lavanttal
September

271 kJ / 64 kcal

Äpfel, Lavanttaler Bananenapfel / American Mother and other apples

KÄSEFESTIVAL · Kötschach-Mauthen
September

1.456 kJ / 351 kcal

ca. 400 Käsesorten, insbesondere Gailtaler Almkäse / cheeses, esp. traditional cheese from Gailtal

KRAUTFEST · Gitschtal, Weißbriach
Oktober / October

128 kJ / 30 kcal

Kraut / Cabbage

POLENTAFEST · Nötsch im Gailtal
Oktober / October

287 kJ / 69 kcal

ca. 40 Polenta-Gerichte, bzw. Sterz, Plentn / Polenta dishes, e.g. Sterz, Plentn

Gailtaler Almkäse: geschützte Ursprungsbezeichnung
protected designation of origin

Lesachtaler Brot ist immaterielles UNESCO-Kulturerbe.
Lesachtal bread is on the UNESCO intangible cultural heritage list.

Stell dir vor, es brennt, und keiner geht hin!

Imagine there's a fire and no one comes to save the day!

Das österreichische Feuerwehrwesen hat in Kärnten seinen Ursprung. / The Austrian fire department has its origins in Carinthia.

428

398
Freiwillige Feuerwehren
volunteer fire brigades

29
Betriebsfeuerwehren
company fire brigades

1
Berufsfeuerwehr
professional fire brigade

1864
1. Freiwillige Feuerwehr (Klagenfurt)
1st volunteer fire brigade (Klagenfurt)

122
Notrufnummer
Emergency number

876
Alarmsirenen (Geräte)
alarm sirens (devices)

2.124
Atemschutzgeräte
breathing apparatus

224.981
Einsatzstunden
deployment hours

Das Feuerwehrwesen ist weitgehend auf Basis Freiwilliger Feuerwehren organisiert und spielt auch eine zentrale Rolle im Katastrophenschutz und technischen Hilfsdienst (Unfalleinsätze u. Ä).
The fire department is largely based on volunteer fire brigades and also plays a central role in emergency services and disaster relief (accident response, etc.).

17.186
ca. 47 pro Tag / per day

11.886
Technische Einsätze
technical and disaster deployments

4.179
Brandeinsätze
firefighting deployments

1.121
Blinde Alarme, Täuschungsalarme
false alarms, hoaxes

1/29
Auf 29 Kärntner*innen kommt eine Einsatzkraft der Feuerwehr.
There is one active firefighter for every 29 Carinthians.

773
Personen wurden gerettet und geborgen (2020).
people were rescued or recovered (2020).

davon / thereof

48
Unverletzte
uninjured

607
Verletzte
injured

118
Totgeborgene
dead

227
Tiere (Großvieh, Haustiere) wurden gerettet und geborgen.
animals (livestock, pets) were rescued or recovered.

19.443
aktive Feuerwehrmitglieder
active firefighters
davon Frauen / thereof women
1.089

938
Einsatzfahrzeuge
fire trucks

365
Anhänger
trailers

58
Wasserfahrzeuge
watercraft

237.828
gefahrene Einsatzkilometer pro Jahr
kilometres covered per year

343 x
Kärnten umrundet
trips around the circumference of Carinthia

Retter in der Not
Knights in shining armour

Wenn jede Minute zählt. / Every minute counts.

FUHRPARK / FLEET

126
Rettungskraftwagen
rescue vehicles

118
Pkws: Gesundheits- und Soziale Dienste
health and social services cars

42
Spezialfahrzeuge für Katastrophenvorsorge
special vehicles for disaster prevention

1
Blutspendebus
blood donation bus

260.714
Rettungs- und Krankentranspo
rescue and ambu
deployments

12.060.728
gefahrene Kilometer
kilometers driven

22
Rettungsstellen
first-aid stations

ÖSTERREICHISCHES ROTES KREUZ
RED CROSS

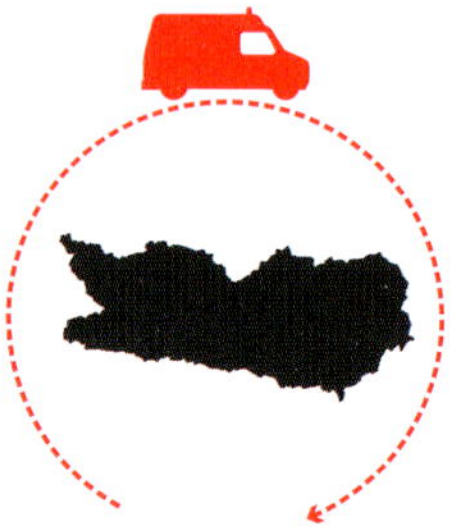

17.404 x
Kärnten umrundet
trips around the circumference of Carinthia

19.629
Blutspender*innen
blood donors

Notruf / Emergency call number

144

554.994
Eingehende Anrufe
incoming calls

∅ 1.521
Anrufe pro Tag
calls per day

∅ 63
Anrufe pro Std.
calls per hour

MITARBEITENDE / EMPLOYEES

2.759

624
Sanitäterinnen, ehrenamtlich
volunteer paramedics, female

231
Zivildiener
people doing alternative civil service

858
Sanitätspersonal, hauptberuflich
full-time paramedics

1.046
Sanitäter, ehrenamtlich
volunteer paramedics, male

1.947.441
Arbeitsstunden
work hours

SAMARITERBUND
Rettungsstelle in Villach
First-aid station in Villach

JOHANNITER
Rettungsstation Patergassen
Rescue station in Patergassen

140 Alpin-Notruf
Alpine emergency call

130 Notruf
Emergency call

BERGRETTUNG
Mountain rescue

872
aktive Mitglieder
active members

Alle arbeiten ehrenamtlich.
All staff are volunteers.

694
sätze pro Jahr
yments per year

5.160
Einsatzstunden
deployment hours

651
Menschen gerettet und geborgen
people rescued and recovered

WASSERRETTUNG
Water rescue

1.244
aktive Mitglieder
active members

1.406
Einsätze pro Jahr
deployments per year
3,9 pro Tag / per day

806
Menschen gerettet und geborgen
people rescued and recovered

22
Einsatzstellen
deployment sites

35.037
Einsatz- und Überwachungsstunden
deployment and monitoring hours

Ich bin dann mal weg
I'll be off then

Die landschaftliche Vielfalt von Kärnten erschließt sich am besten auf seinen Weitwanderwegen. / The scenic diversity of Carinthia is best explored on its long-distance trails.

Höchste Punkte in Kärnten
Highest points in Carinthia

Kaiser-Franz-Josefs-Höhe 2.369 m
Bei / Near **Insberg 904 m**
Hochstuhl 2.236 m
Königstuhl 2.336 m
Valentintörl 2.138 m
Antonisiedlung 1.006 m
Hocharn 3.254 m
Pirker Kogel 666 m
Sternenbalkon 1.125 m
Hochkreuz 2.709 m
Hornscharte 2.958 m
Lumkofel 2.287 m

3.798 m
Großglockner – der höchste Berg Österreichs liegt in Kärnten.
Großglockner – Carinthia is home to Austria's highest peak.

5
Bergsteigerdörfer / Mountaineering Villages
Qualitätssiegel des Österreichischen Alpenvereins
Quality Seal of the Austrian Alpine Club

Lesachtal
Mallnitz
Malta
Mauthen
Zell/Sele

400
autorisierte Bergwanderführer
authorised mountain guides

Alpe-Adria-Trail
Grenzenlos wandern zwischen Gletscher und Meer – verbindet Österreich, Slowenien und Italien / Hiking without borders between glacier and sea – links Austria, Slovenia and Italy

750 km (340 km)*

Großglockner → **Jepzasattel** (A/SLO) → Muggia (I)

Jakobsweg in Kärnten / Way of St. James in Carinthia
Führt an 7 von 42 Kärntner Jakobskirchen vorbei. „Zubringerweg" nach Tirol
Leads past 7 of Carinthia's 42 St. James churches. "Feeder route" to Tyrol

234 km

Unterdrauburg/Dravograd → **Oberdrauburg**

Panoramaweg Südalpen / Southern Alps Panorama Trail
Schroffe Gipfel, sanfte Almen, Ausblicke über die Südalpen und dazwischen grüne Wiesen und sanfte Kuppen / Rugged peaks, gentle alpine pastures, views over the Southern Alps and in between them green meadows and gentle knolls

285 km (230 km)*

Thörl-Maglern → **St.-Martiner-Hütte** → Tonnerhütte (Steiermark / Styria)

Nockberge-Trail / Nock Mountains Trail
Immer oben – durchwegs 1.500–2.350 m Höhe –, immer mit Aussicht
A constant 1,500-2,350 m in altitude – always with a view

128 km (113 km)*

Katschberg → **Seeboden am Millstätter See**

Karnischer Höhenweg / Carnic Peace Trail
Der aussichtsreiche „KHW 403" oder „Friedensweg/Via della pace" verläuft am Kamm der Karnischen Alpen an der Grenze zwischen Österreich und Italien.
The scenic "KHW 403" or "Peace Trail/Via della pace" runs along the ridge of the Carnic Alps on the border between Austria and Italy.

146 km (92 km)*

Leckfeld-Alm (Osttirol / East Tyrol) → **Dreiländereck** → **Thörl-Maglern**

Dobratsch-Rundwanderweg / Dobratsch Circular Trail
Gegen den Uhrzeigersinn und somit gegen den Stress des Alltags rund um das Bergmassiv / Anti-clockwise against the stresses of everyday life around the mountain massif

68 km

Einstiegsvorschlag / A good starting point: **Warmbad Villach**

Tauernhöhenweg / Tauern High Trail
Teil des Zentralalpenweges „02", das „Kronjuwel" der Höhenwege, eine hochalpine Unternehmung, oft über 3.000 m, teils auf vergletschertem Gelände
Part of the Central Alpine Trail "02", the "crown jewel" of mountain trails, a high-alpine challenge often above 3,000 m and partly atop glaciers

70 km (63 km)*

Glocknerhaus → **Kölnbreinsperre**

Wörthersee-Rundwanderweg / Lake Wörth Circular Trail
Immer im Blick das Farbenspiel des Wörthersees und die Karawanken. Der Weg verläuft zwischen 440 und 850 m Höhe.
Between 440 and 850 m in altitude, always with a view of the play of colours across Lake Wörth and the Karawanks

55 km

Einstiegsvorschlag / A good starting point: **Velden**

Via Paradiso
Eine moderate Wanderroute rund um den Millstätter See für die letzten und ersten Sonnenstrahlen des Jahres / A moderate hike around Lake Millstatt to catch the year's last and first rays of sunshine

54 km

Döbriach → **Gschriet/Ferndorf**

Kreuzeck-Höhenweg / Kreuzeck Mountain Trail
Führt auf dem Kamm der Kreuzeckgruppe entlang und an schönen Bergseen vorbei. / Leads along the ridge of the Kreuzeck group past beautiful mountain lakes.

52 km (47 km)*

Kolbnitz → **Winklern**

Wiener Höhenweg / Vienna Mountain Trail
Der Weg verläuft durch die Hochgebirgslandschaft im Herzen des Nationalparks Hohe Tauern. / A trail through the high alpine landscape in the heart of the Hohe Tauern National Park

47 km (27 km)*

Iselsberg → **Glocknerhaus**

*** in Kärnten** / Carinthia

Gailtaler Höhenweg / Gailtal Mountain Trail
Der „kleine Bruder" des karnischen Höhenwegs schlängelt sich hoch oben auf dem Kamm der Gailtaler Alpen entlang. Nur wenige bewirtschaftete Übernachtungsmöglichkeiten
The "little brother" of the Carnic Peace Trail winds its way high up along the ridge of the Gailtal Alps. Only a few overnight accommodations

49 km (26 km)*

St. Oswald bei Kartitsch (Osttirol / East Tyrol) → **Lotteralm** → **Gailberghöhe**

Aufs Korn genommen
In their sights

Wie viele Jägerinnen und Jäger in Kärnten wann wem hinterher sind.
How many hunters and huntresses in Carinthia are chasing what when?

11.450
Jäger
hunters

2.000
Jägerinnen
huntresses

Geschützte Wildtiere
Protected game species

Alpenschneehuhn / Rock ptarmigan
Auerhahn*, Auerhenne / Capercaillie
Bär / Bear
Bekassine / Common snipe
Biber / Beaver*
Birkhahn*, Birkhenne / Black grouse
Eule / Owl
Fasanhenne / Pheasant
Fischotter / Otter*
Graureiher / Grey heron
Haselhenne / Hazel deer
Haubentaucher / Great crested grebe
Hohltaube / Stock dove
Kleinwiesel / Least weasel
Luchs / Lynx
Steinbock / Alpine ibex
Steinhuhn / Rock partridge
Taggreiffvögel / Birds of prey
Wacholderdrossel / Fieldfare
Wachtel / Quail
Wildkatze / Wild cat
Wolf / Wolf

910 t
Gewonnenes Wildbret
Game meat obtained

70,2 kg
pro Jäger*in
per hunter

1.727
Jagdgebiete
hunting grounds

99,8 %
Anteil der Jagdgebiete an Landesfläche
Ratio of Carinthian land made up of hunting areas

73 ha (102 Fußballfelder / football pitches)
Durchschnittliche Jagdfläche pro Jäger / Average hunting area per hunter

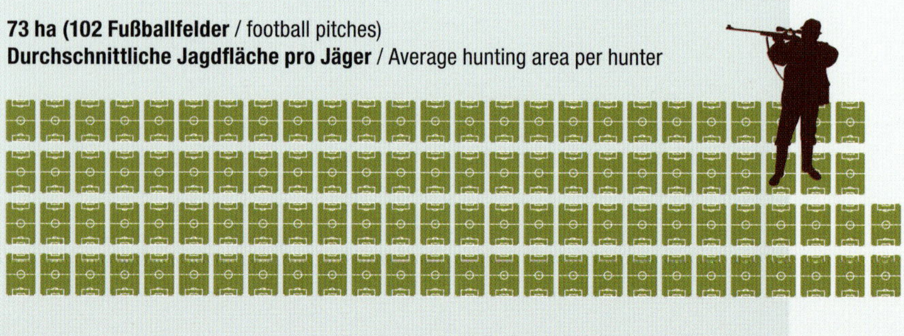

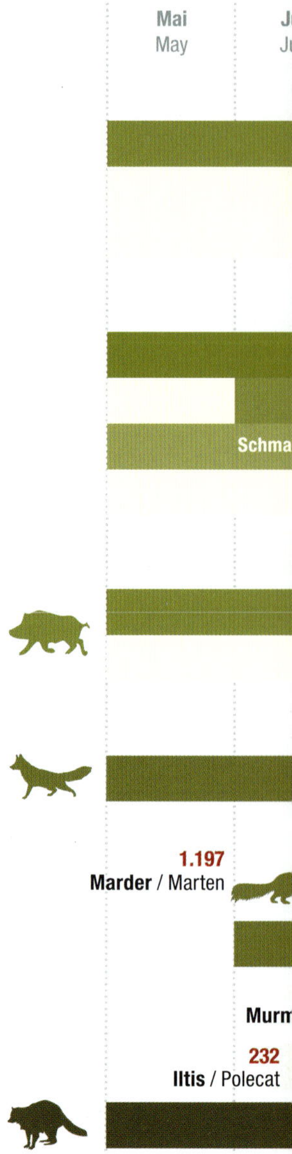

51.046
In einer Saison erlegt
Brought down by hunters in one season (2020/21)

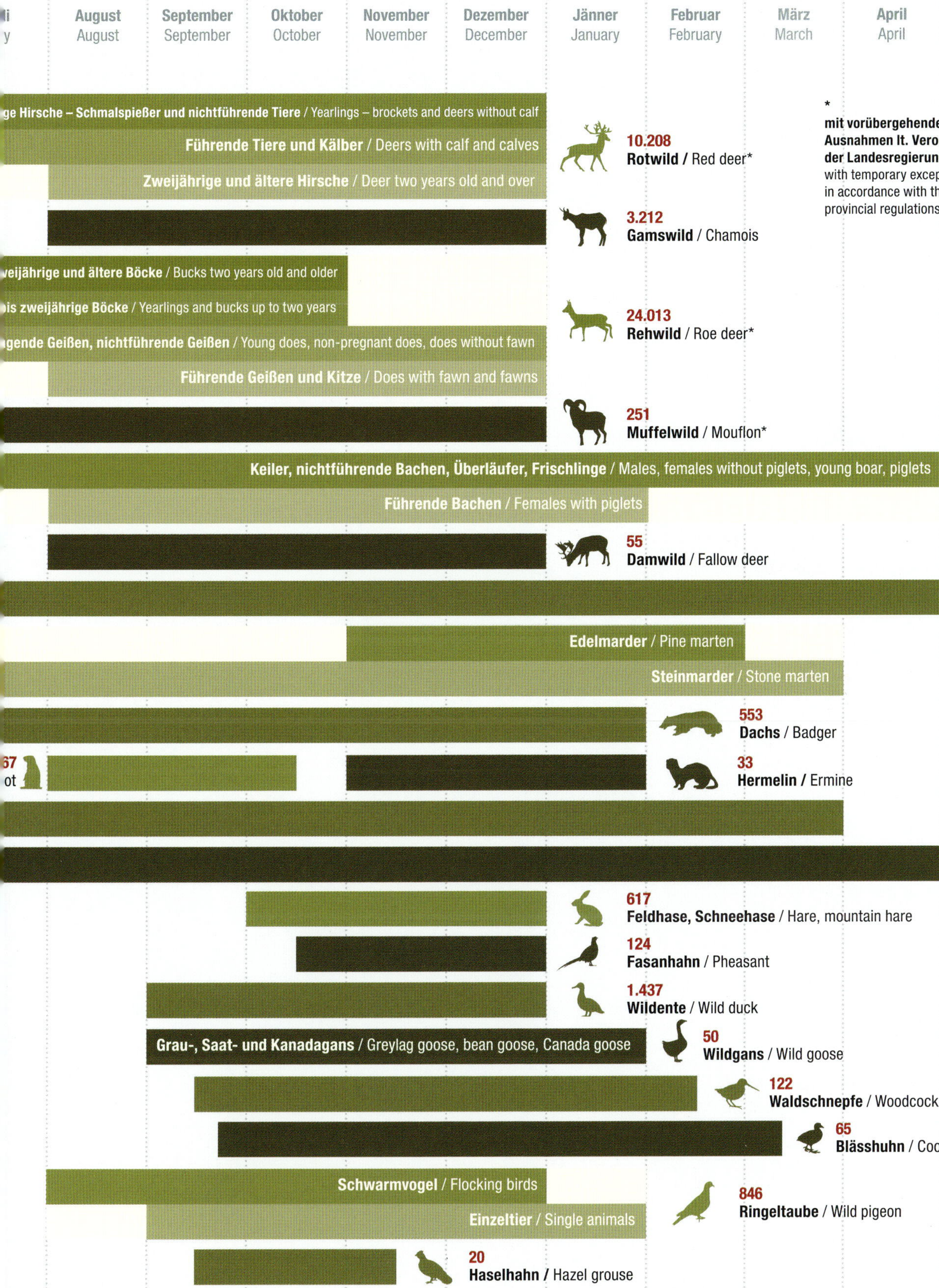

* mit vorübergehenden Ausnahmen lt. Verordnung der Landesregierung
with temporary exceptions in accordance with the provincial regulations

Aber bitte mit Bademantel*
A bathrobe was his trademark*

Der Kärntner Jürgen Udo Bockelmann war der bedeutendste deutschsprachige Entertainer des 20. Jahrhunderts. / Jürgen Udo Bockelmann from Carinthia was the leading German-language entertainer of the 20th century.

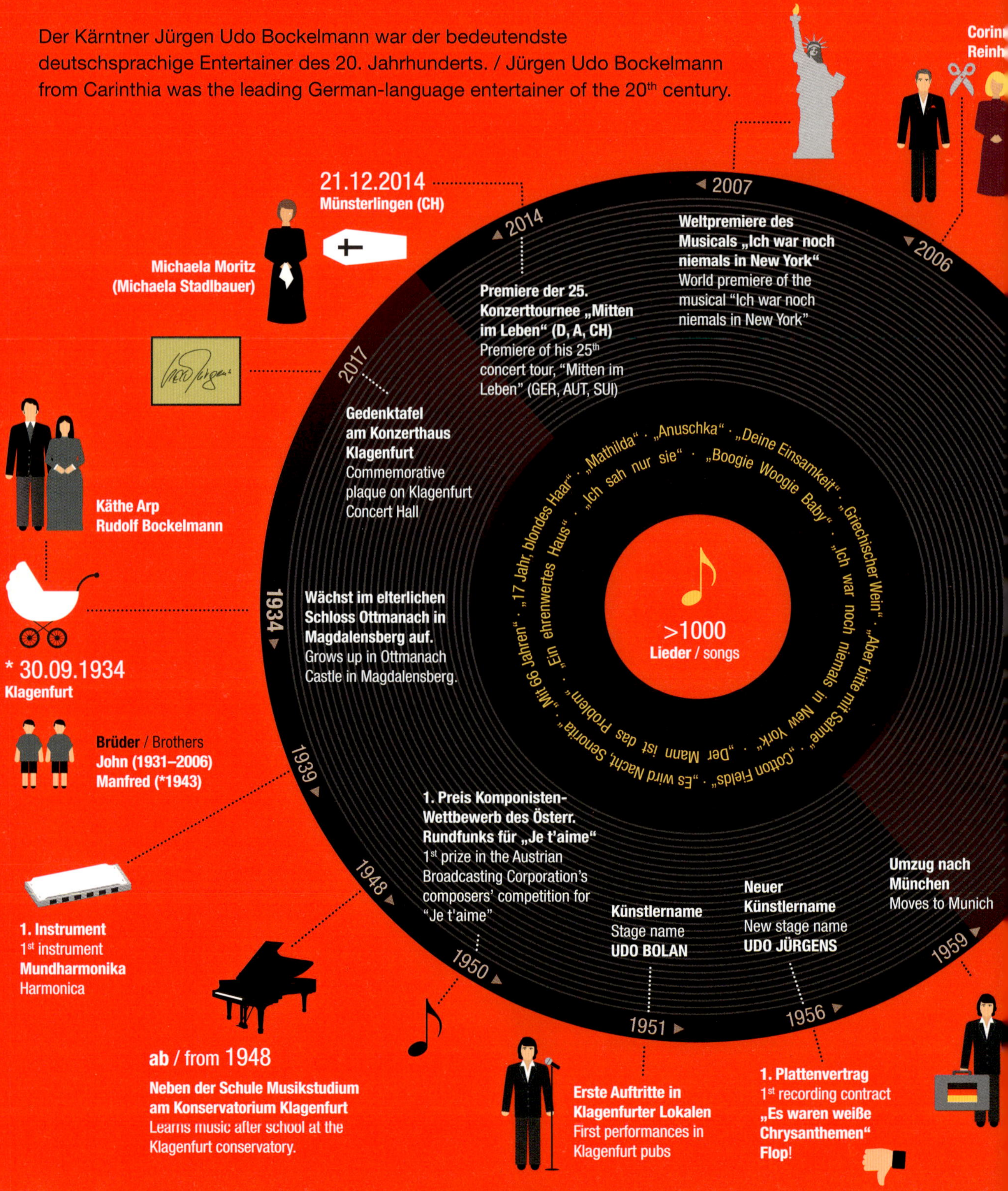

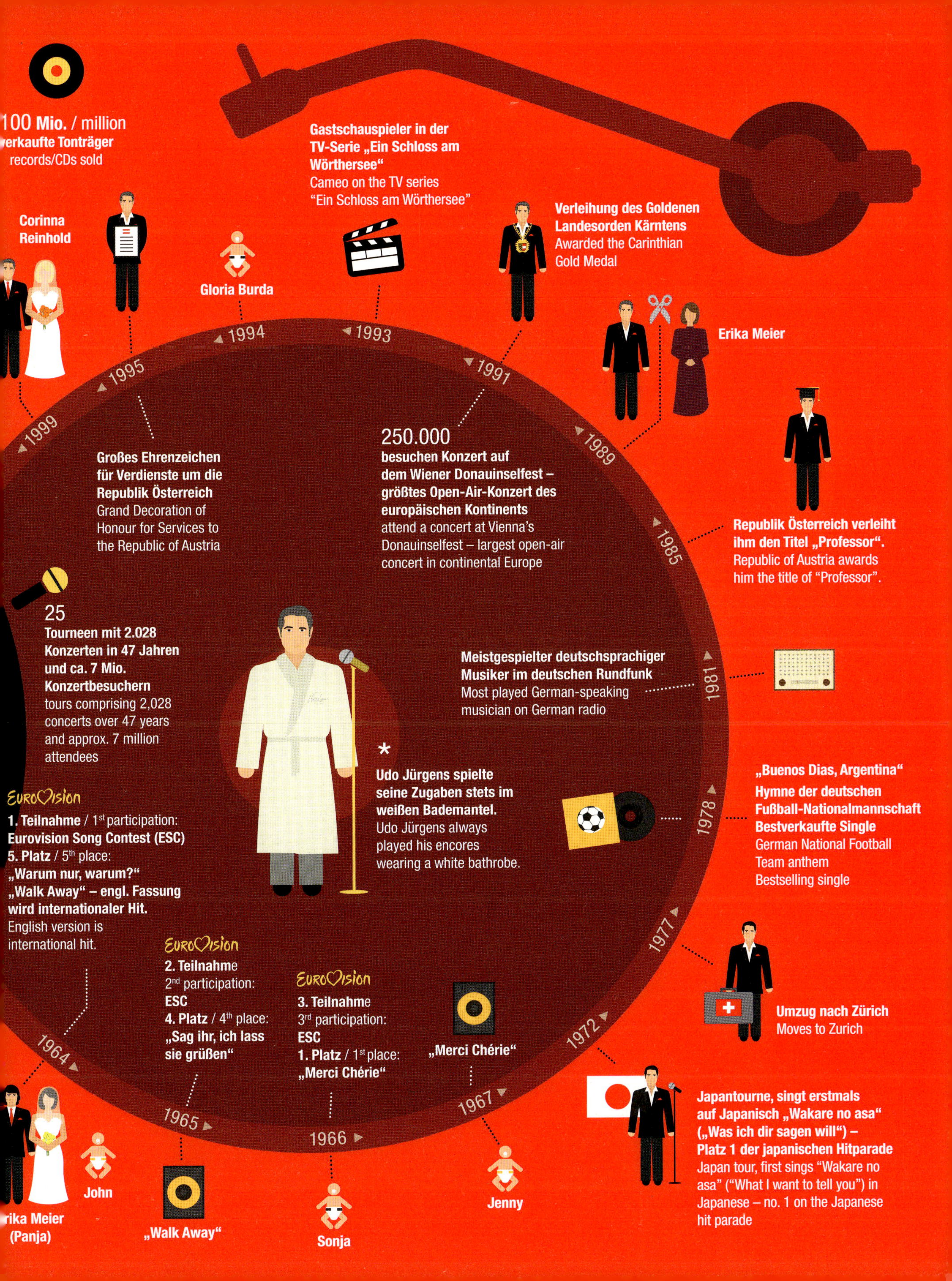

100 Mio. / million
verkaufte Tonträger
records/CDs sold
Corinna Reinhold
Gloria Burda
Gastschauspieler in der TV-Serie „Ein Schloss am Wörthersee“
Cameo on the TV series “Ein Schloss am Wörthersee”
Verleihung des Goldenen Landesorden Kärntens
Awarded the Carinthian Gold Medal
Erika Meier
1999
1995
1994
1993
1991
1989
1985
1981
1978
1977
1972
1967
1966
1965
1964
Großes Ehrenzeichen für Verdienste um die Republik Österreich
Grand Decoration of Honour for Services to the Republic of Austria
250.000
besuchen Konzert auf dem Wiener Donauinselfest – größtes Open-Air-Konzert des europäischen Kontinents
attend a concert at Vienna's Donauinselfest – largest open-air concert in continental Europe
Republik Österreich verleiht ihm den Titel „Professor“.
Republic of Austria awards him the title of “Professor”.
25
Tourneen mit 2.028 Konzerten in 47 Jahren und ca. 7 Mio. Konzertbesuchern
tours comprising 2,028 concerts over 47 years and approx. 7 million attendees
Meistgespielter deutschsprachiger Musiker im deutschen Rundfunk
Most played German-speaking musician on German radio
*
Udo Jürgens spielte seine Zugaben stets im weißen Bademantel.
Udo Jürgens always played his encores wearing a white bathrobe.
„Buenos Dias, Argentina“
Hymne der deutschen Fußball-Nationalmannschaft
Bestverkaufte Single
German National Football Team anthem
Bestselling single
Eurovision
1. Teilnahme / 1st participation:
Eurovision Song Contest (ESC)
5. Platz / 5th place:
„Warum nur, warum?“
„Walk Away“ – engl. Fassung wird internationaler Hit.
English version is international hit.
Eurovision
2. Teilnahme
2nd participation:
ESC
4. Platz / 4th place:
„Sag ihr, ich lass sie grüßen“
Eurovision
3. Teilnahme
3rd participation:
ESC
1. Platz / 1st place:
„Merci Chérie“
„Merci Chérie“
Umzug nach Zürich
Moves to Zurich
Japantourne, singt erstmals auf Japanisch „Wakare no asa“ („Was ich dir sagen will“) – Platz 1 der japanischen Hitparade
Japan tour, first sings “Wakare no asa” (“What I want to tell you”) in Japanese – no. 1 on the Japanese hit parade
Erika Meier (Panja)
John
„Walk Away“
Sonja
Jenny

Von Abwerzg bis Zwischenbergen
From Abwerzg to Zwischenbergen

Um Kärntner Ortsnamen wird immer wieder heftig gestritten. Lassen wir doch lieber die lustigsten und außergewöhnlichsten auf uns wirken und genießen wir deren Sound. / Carinthian place names are often the subject of heated debate. But let's just delight in the sounds and the images conjured up by the funniest and strangest among them.

Poppichl
Dolintschitschach
Dolinčiče
Albern
Unterlamm
Oberkrähwald · Faulwinkel · Oberlamm
Ochsendorf · Hochrindl · Tanzenberg
Tschatschg · Schaumboden · Goggerwenig · Bauer im Ort · Finsterdorf
Hundsdorf · Schalkendorf · Schelmberg · Andreaskreuz · Heft
Freundsam · Grund · Gasmai · Meiselding · Puppitsch
Hochosterwitz · Niederosterwitz · Olschnögg · Zweikirchen
Beintratten · Zwischenbergen · Drahtzug · Epritz · Tschutta
Gutschen Rüggen · Grua · Dobritsch · Gwerz · Olsa · Zmuck · Grai
Tschröschen · Gassarest · Gruska · Gwadnitz · Krön · Messaneggen
Pisweg · Sutsch · Urtl
Urtlgraben · Jouschitzen · Lölling
Zosen
Beißendorf
Krasta · Muschk · Drattrum · Filfing
Pflausach · Tschadam · Wasai
Woitsch · Zmuln · Felfernigthal · Zwatzhof · Gulitzen
Gaudritz · Hirt · Hintnausdorf · Klachl
Schattseite · Pessereggen · Tschriet
Dreifaltigkeit
Poppenhof
Unterdeka
Affelsdorf
Selesen
Kaltstuben
Wunderstätten
Siebending · Mosern · Schaßbach
Eselsdorf
Tschrietes
Blaiken
Schwemmtratten
Praken
Hintergumitsch
Obergösel
Raggane
Krakaberg · Mantschenbloch
Pontnig · Hinterwölch · Hartneidstein
Vordergumitsch · Leidenberg
Witra · Fraß · Lamm
ern · Alpen
enlacken
Schuß
Lamm
Briefelsdorf
ching · Grillenberg
sweg · Lawesen
Hochrindl · Spitzwiesen · Eden
Radweg · Schleichenfeld
Buggl in Bach · Sittich
Klachl · Wachsenberg · Laboisen
Wippa · Pojedl · Kruckenalm
Rotapfel · Papra · Wiggis
Tscherneitsch
urdanitsch
boden · Gailitz
sowitsch
ernitz
nin | Hodnina
Stadt
Dolintschitschach | Dolinčiče
Korb · Ratschitschach · Ladratschen
Linsendorf · Nageltschach | Nagelče
Hafendorf · Bösenort · Lettenstätten | Letina
Eisenkappel | Železna Kapla · Gurtschitschach
Motschula · Unterort | Podkraj
Poppendorf · Kanaren
Koprein Petzen · Kleinzapfen | Malčape
Wunderstätten · Unternarrach | Podnje Vinare
Obernarrach | Zgornje Vinare · Skoflitzen
Pudlach · Lippendorf
Ruhstatt
Humtschach
Lokowitzen
Eis · Kömmelgupf | Komlejski Vrh
Leppen | Lepena · Schreckendorf
Köcking · Mökriach | Mokrije
Pudab · Blaitzen | Plaznica
Woroujach | Borovje
Duell
Blasendorf · Ameisbichl
Zwanzgerberg
Hundsdorf | Podsinja Vas · Gottesbichl
Kosasmojach · Schulterndorf · Kirschentheuer
Schwanein · Freudenberg · Rotschitzen
Am Teller
Großkleinberg | Mala Gora
Froschendorf
Geiersdorf · Zapfendorf
Münzendorf
Obitschach · Wutschein
Vögelitz · Eiersdorf
Annamischl
Ottosch · Karl
Lak · Pitzelstätten
Gupf · Mieger · Suetschach
Schöpfendorf · Singerberg
Zetterei · Matschach · Plaschischen
Sabuatach · Klein Venedig · Strantschitschach
Großkleinberg
Mala Gora
ein Venedig

Fasten für die Augen

A fast for the eyes

Einst europaweit verbreitet, sind Fastentücher aus Kirchen heute weitgehend verschwunden – nicht so in Kärnten. / Once common throughout Europe, Lenten cloths have largely disappeared from churches today – except in Carinthia.

FUNKTION
FUNCTION

Chorbereich bzw. Haupt- oder Seitenaltar in der Fastenzeit verdecken: geistliches Fasten, das Göttliche nicht schauen können.
Concealing the choir area or main or side altar during Lent: spiritual fasting, not being able to see the divine.

Aschermittwoch bzw. 1. Fastensonntag – Gründonnerstag bzw. Karsamstag
Ash Wednesday or 1st Sunday of Lent – Maundy Thursday or Holy Saturday

ca. 300
erfasste Fastentücher in Kärnten, von vor 1800 sind rund 40 in Verwendung.
Lenten cloths documented in Carinthia; around 40 from before 1800 are still in use.

TYPEN / TYPES

ZENTRALTYP / CENTRAL TYPE
Nur in Kärnten:
Um Kreuzigungsgruppe sind in Medaillons Passionsszenen gruppiert.
Only in Carinthia:
Grouped around the Crucifixion group are medallions with scenes from the Passion.

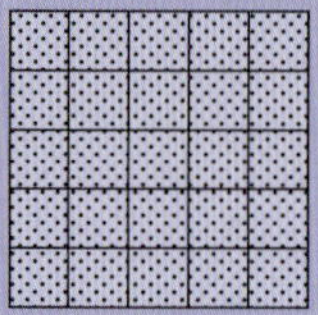

FELDERTYP / FIELD TYPE
Bildzyklus, Szenen ausschließlich aus Altem und Neuem Testament
Image cycle, scenes exclusively from the Old and New Testaments

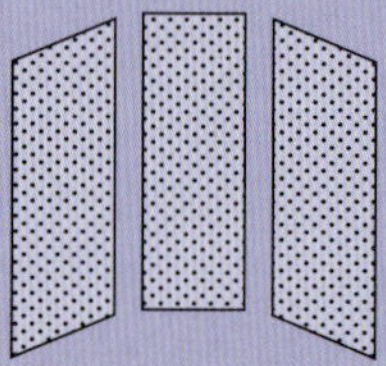

FASTENTUCHFOLGE / LENTEN CLOTH SEQUENCE
Mehrere aufeinander abgestimmte Tücher vor Haupt- und Seitenaltären
Hauptmotive: Geißelung, Dornenkrönung und Kreuzigung
Several coordinated cloths in front of main and side altars
Main motifs: the flagellation, crowning with thorns and crucifixion of Christ

Lieding
Dreiteilige Fastentuchfolge
Three-part Lenten cloth sequence
2. Hälfte 18. Jh. / 2nd half of 18th century

KREUZSTICHTUCH
CROSS-STITCH CLOTH

Zweinitz
16 Bildfelder,
350 Handarbeitsstunden
16 image fields,
350 hours of handiwork
2016

ZENTRALER FELDERTYP
CENTRAL FIELD TYPE

Maria Bichl bei Lendorf
2000

KINDERFASTENTUCH
CHILDREN'S LENTEN CLOTH
Von Kindern gestaltet, meist als Feldertyp
Designed by children, mostly field type

Bad Kleinkirchheim
Kirche St. Kathrein
24 Bildfelder / image fields
2011

ANDACHTSBILD
DEVOTIONAL IMAGE
Bevorzugt am Ende der Barockzeit
Popular in the late Baroque period

Hermagor
Heiliges Haupt
Holy Head
1930er-Jahre
1930s

EINZELTUCH
SINGLE CLOTH
Wichtigstes Motiv: Passion Christi
Main motif:
Passion of Christ

Deutsch-Griffen
Beweinung Christi
Lamentation of Christ
Ende 18. Jh.
Late 18th century

DIE ÄLTESTEN FASTENTÜCHER (1458–1629)
THE OLDEST LENTEN CLOTHS (1458–1629)

1458

Gurk
99 Bildfelder, 108 Szenen. Ältestes, größtes und szenenreichstes
99 image fields, 108 scenes
Oldest, largest and most scenes
8,87 x 8,87 m

1504

Haimburg
36 Bildfelder, eines der schönsten Kärntens
36 image fields, one of the most beautiful in Carinthia
4,20 x 3,80 m

ca. 1520

Reichenfels
25 Bildfelder, hängt ganzjährig in der Pfarrkirche St. Leonhard im Lavanttal.
25 image fields, hangs year round in the Parish Church of St. Leonhard in the Lavant Valley
5,50 x 3,65 m

ca. 1530

Steuerberg
Ganzjährig in der Schatzkammer Gurk
Year round in the Gurk Treasury
3,93 x 3,20 m

1555

Baldramsdorf
39 Bildfelder / image fields
4,85 x 7,30 m

2. Hälfte 16. Jh.
2nd half of 16th century

Maria Bichl
Hängt in der Klagenfurter Christkönigskirche.
Hangs in the Church of Christ the King in Klagenfurt.
5,30 x 4,45 m

1593

Millstatt
41 Bildfelder, zweitgrößtes Kärntens
41 image fields, second largest in Carinthia
8,40 x 5,70 m

1612

St. Stefan am Krappfeld
Ältester Vertreter des Zentraltyps
Oldest example of the central type
3 x 3 m

1629

Sternberg
Gestiftet vom Protestanten Hans Khevenhüller, Graf von Frankenburg, bevor er das Land verlassen musste.
Donated by the Protestant Hans Khevenhüller, Count of Frankenburg, before he had to flee the land.
4,30 x 3,80 m

Land der Lieder, Land der Sänger
Land of songs, land of singers

In Kärnten lässt man kaum eine Gelegenheit zum Singen aus. / In Carinthia people lift their voices at every opportunity.

DAS KÄRNTNER HEIMATLIED
THE CARINTHIAN HOME SONG

4 Strophen / verses
Text / Lyrics **(1822/1928)**
1–3: Johann Taurer von Gallenstein (1779–1840)
4: Agnes Maria Millonig (1884–1962)
Beide in der Steiermark geboren
Both born in Styria

Melodie / Melody **(1835)**
Josef Rainer von Harbach (1804–1870)

1911
Kärntner Landsmannschaft erklärt Strophen 1–3 zur „Kärntner Nationalhymne".
The Carinthian Homeland Association declares verses 1–3 to be the "Carinthian National Anthem".

Strophen / Verses **1–3**

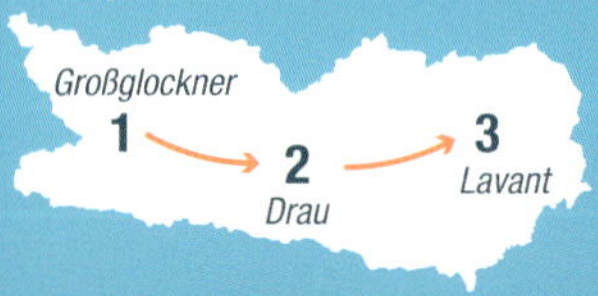

Strophe / Verse **4 – Vers** / Line **3**
Umstrittener „blutiger" Vers:
„wo man mit Blut die Grenze schrieb"
(Autorin NSDAP-Mitglied)
Deshalb werden heute oft nur die Strophen 1–3 gesungen.
Controversial "bloody" passage:
"where you wrote the border with blood"
(Author was a member of the Nazi Party)
For this reason, only verses 1–3 are usually sung today.

29.6.1966
Kärntner Landesregierung erklärt Kärntner Heimatlied zur Landeshymne.
Carinthian provincial government declares Carinthian home song as national anthem.

„Wånn die Kärntna singan, dånn kenntest dazuaplärn."
Wenn Kärntner singen, möchte man vor Rührung weinen.
When Carinthians sing, you could weep with emotion.

„2 Kärntner*innen = 1 Chor,
3 Kärntner*innen = 1 Gesangsvere
"2 Carinthians = 1 choir,
3 Carinthians = 1 choral society"

DAS KÄRNTNER LIED / THE CARINTHIAN SONG

= Gesamtheit des Kärntner Volksliedgutes
= entirety of the Carinthian folk song heritage

Charakteristisch / Typical

- **unbegleitetes Lied**
  unaccompanied song
- **in Kärntner Mundart**
  in Carinthian dialect
- **4- oder 5-stimmig vorgetragen**
  performed by 4 or 5 voices
- **häufig melancholische Grundstimmung**
  often melancholy mood

Häufige Wörter in Liedtiteln
Words appearing frequently in song titles

- o – **oh** – oh
- will(st) – **will(st du)** – (do you) want to
- i – **ich** – I
- Diandle – **Mädchen** – girl
- drunt – **unten** – below
- drobn – **oben** – above
- Liab – **Liebe** – love
- Karntn – **Kärnten** – Carinthia
- mi – **mich** – me
- mei – **mein** – my
- auf(e) – **(hin)auf** – up(wards)
- g'hearn(d) – **gehören** – belong to
- tiaf(stn) – **tief(sten)** – deep(est)
- schau(g) – **schaue** – look
- lei – **nur** – only
- Roasn – **Rose** – rose
- Hamat – **Heimat** – homeland
- valåssn – **alleine** – alone
- Tål – **Tal** – valley
- Bergle – **Berg** – mountain
- See – **See** – lake
- Wetta – **Wetter** – weather
- gern(håbn) – **gern(haben)** – like
- Sunn – **Sonne** – sun

„Mei Hamat is a Schatzale"
"My Cherished Homeland"

„Is schon still uman See"
"It's So Quiet Down by the Lake"

„I hob di gern"
"I Really Like You"

„In da Mölltålleitn"
"In the Mölltålleitn Valley"

„Valåssn"
"Alone"

CHÖRE / CHOIRS

365
Chöre in Dachverbänden
choirs in umbrella organisations

46 % **gemischte Chöre** / mixed choirs

46 % **Männerchöre** / men's choirs

4 % **Frauenchöre** / women's choirs

4 %
Kinder- und Jugendchöre
children and youth choirs

20.000 – 30.000
Sänger*innen (inkl. Dunkelziffer)
singers (estimated)

MGV 1834 Gmünd
Ältester noch aktiver Chor Österreichs
Oldest still active choir in Austria

Kärntner Sängerbund (1864)
Wichtigster Dachverband
Most important umbrella organisation

„Du bist die Rose vom Wörthersee"
Volkstümlicher Schlager (1947)
Popular folk hit (1947)

Komponiert für Film „Der alte Herr Kanzleirat"
Später Titelmelodie für gleichnamigen Film (1952)
Composed for film "Der alte Herr Kanzleirat".
Later title melody for eponymous film
(1952, "Rose of the Mountain")

Namensgeber für Oldtimer-Treffen, Ruder-Regatten, Misswahlen, Prominentenehrungen, Frisurenwettbewerbe, Glas-Statuette für Verdienste um das Filmschaffen, Zuchtrose, Synonym für Klagenfurt …
Name giver for vintage car meetings, rowing regattas, beauty pageants, celebrity honours, hairstyle competitions, glass statuette rewarded for film, rose variety, synonym for Klagenfurt …

A feste Gaude!*

What fun!

Wenn im August in Villach Party auf Brauchtum trifft, dann ist Österreichs größtes Brauchtumsfest, der Villacher Kirchtag. / In Villach, partying meets tradition every August at Austria's biggest folk festival, the Villacher Kirchtag.

* **Titel des „Handbuchs zum Villacher Kirchtag" („Ein großer Spaß")** Title of the "Villacher Kirchtag Manual"

Seit / Since **1936**

ca. 400.000 Besucher*innen visitors

ca. 400.000 „große Bier" / pints of beer **(0,5 l) ≈ 4.000 50-Liter-Fässer** 50-litre barrels

6 Lkw / trucks **im Dauereinsatz für Bier-Nachschub** on the go nonstop to supply beer

Bier exklusiv / exclusively

∅ 6,4 Stunden verweilen Kirchtagsbesucher*inn No. of hours spent by visitors at the festiva

Festabzeichen: „Eintrittskarte" für Sa, ab 12 h Festival badge: "ticket" for Sat., starting at noon

ABLAUF / SCHEDULE

Kirchtagsladen – mit einem „Tusch", seit 1950
Mitglieder der Bauerngman stimmen mit Tanz und Schnapserl aufs Fest ein: Frauen in Gailtaler Festtagstracht, Kirchtagsmusikanten mit Laderbuschen. Nach jedem „Tusch" ist der damit Geehrte „aufgefordert", für die „Kindlkassa" zu spenden.
Invitation committee – with a "fanfare" since 1950
Members of the farming community get people in the mood for the festival with dancing and schnapps, accompanied by women in festive Gailtal folk dress and musicians with poles adorned with carnations and ribbons. After each "fanfare" the honoured person is "asked" to donate to the "Kindlkassa" (children's charity).

SO / SUN

Eröffnung
Opening

10 Uhr
Hochamt in der Stadtpfarrkirche
High Mass in the parish church

11.30 Uhr
Bieranstich
First beer barrel is tapped

MO / MON

8–19 Uhr
Jakobimarkt – Auftakt der Brauchtumswoche
Jakobimarkt – kicks off the week-long festival

DI / TUE

Eröffnung Vergnügungspark, beste Kirchtagssuppe wird prämiert
Opening of the amusement park, awarding of the best Festival Soup

SA / SAT

1. Sa im Aug. (seit 1966)
1st Sat. in Aug. (since 1966)

ab 17 Uhr
Trachtenfestzug – Höhepunkt der Brauchtumswoche
Parade of folk costumes – highlight of the week

Tausende Trachtenträger*innen aus dem gesamten Alpen-Adria-Raum, unzählige Blasmusikkapellen
Thousands of people in folk dress from all over the Alps-Adriatic region, innumerable brass bands

„G'sund“
ruß zum Kirchtag:
Gesundheit!,
Bleib gesund!
etings at the festival:
To your health!
Stay healthy!

>3.500
Teilnehmer*innen am Trachtenfestzug, Dutzende Blasmusikkapellen
participants in the parade of folk costumes, dozens of brass bands

>30
Fahrgeschäfte
fairground rides

1
Meteorologe behält Wetter im Auge.
meteorologist keeps an eye on weather.

Ø 59,61 €
gibt jeder Gast aus.
Amount spent per guest

ca. 240
Aussteller*innen mit Waren aller Art
exhibitors of goods of all sorts

>600
Musiker*innen
musicians

>130
Brauchtumsveranstaltungen
folk events

SO / SUN

achkirchtag
Post-festival

nderkirchtag
dren's festival

KIRCHTAGSSUPPE
FESTIVAL SOUP

5 Fleischsorten + Wurzelgemüse + Gewürze (u. a. Safran) + saurer und süßer Rahm. Dazu passt: Kärntner Reindling.
5 meats + root vegetables + spices (incl. saffron) + sour and sweet cream.
As accompaniment: Carinthian rolled yeast cake.

BRAUCHTUMSWOCHE
FOLK WEEK

Veranstaltungen mit heimischem und ausländischem Brauchtum, Kirchtagsschmankerl, Volksmusik, Vergnügungs- und Unterhaltungsmeile
Events featuring local and foreign customs, festival treats, folk music, amusement and entertainment mile

JAKOBIMARKT
JAKOBIMARKT

Handwerks- und Manufakturund Brauchtumsprodukte, regionale Spezialitäten, alte Handwerkskünste hautnah zu erleben
Visitors can experience at first hand handicrafts, traditional products from small manufactories, regional specialties.

Tagesempfehlung: Burgsuppentopf*
Today's special: Castle Stockpot*

Kärntens Burgen – früher uneinnehmbar, heute einnehmend interessant. Eine Auswahl / Carinthia's castles – once impregnable, today fascinating attractions. A selection

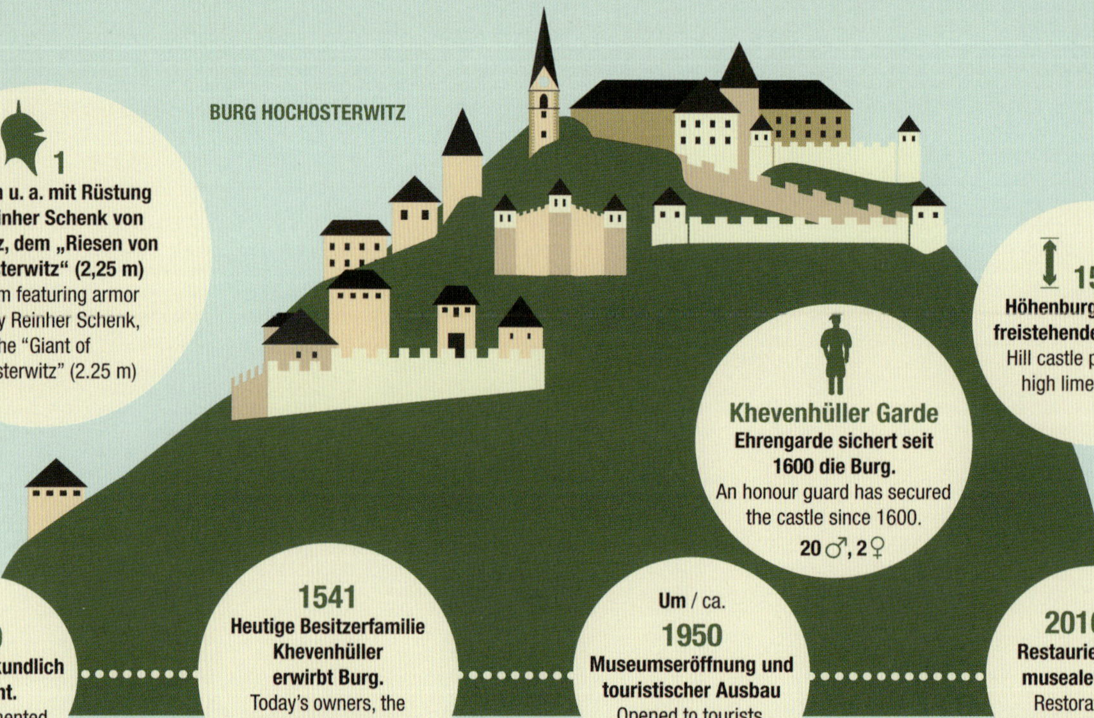

1
Museum u. a. mit Rüstung von Reinher Schenk von Osterwitz, dem „Riesen von Hochosterwitz“ (2,25 m)
Museum featuring armor worn by Reinher Schenk, the "Giant of Hochosterwitz" (2.25 m)

150 m
Höhenburg auf hohen freistehenden Kalkfels
Hill castle perched on a high limestone rock

Khevenhüller Garde
Ehrengarde sichert seit 1600 die Burg.
An honour guard has secured the castle since 1600.
20 ♂, 2 ♀

860
erstmals urkundlich erwähnt.
First documented

1541
Heutige Besitzerfamilie Khevenhüller erwirbt Burg.
Today's owners, the Khevenhüller family, acquire the castle.

Um / ca.
1950
Museumseröffnung und touristischer Ausbau
Opened to tourists, including museum

2010/11
Restaurierung und musealer Ausbau
Restoration and museum expansion

Fürst-Max-Bahn
Lift auf die Burg
Lift up to castle
- ⟷ **125 m**
- ↑ **99,9 m**
- ∠ **50–58°**
- ⏱ **65 Sek.** / sec.
- 🚶 **14**

14
Tore machen Burg uneinnehmbar.
gates make castle impregnable.
Errichtet / Erected
1570–1582

≈ 30
Minuten / minutes
Gehzeit Parkplatz–Burg
Walk from carpark to castle

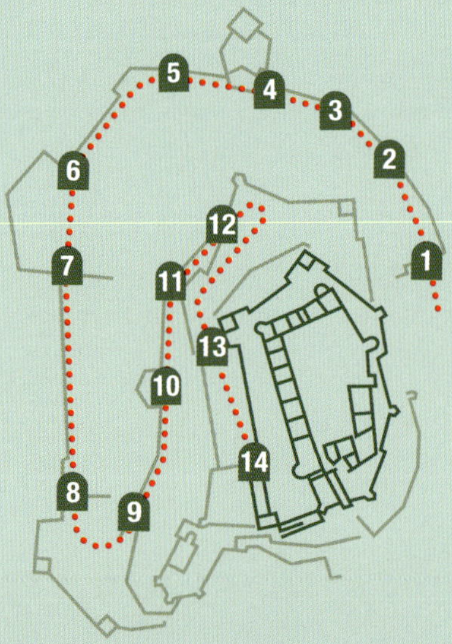

Die Tore / The gates

1. **Fähnrichtor**
2. **Wächtertor**
3. **Nautor wie Schiffsbug über dem Abgrund („Nau“ = kleines Schif** like a ship's bow jutting over the abyss ("Nau" = small ship)
4. **Engelstor**
5. **Löwentor**
6. **Manntor**
7. **Khevenhüllertor – das prächtigste** most majestic
8. **Landschaftstor**
9. **Reisertor**
10. **Waffentor**
11. **Mauertor**
12. **Brückentor**
13. **Kirchentor**
14. **Kulmertor**

*
Speisekarte der Burgschenke Finkenstein
On the menu at Finkenstein Castle Restaurant

BURG LANDSKRON

Größte und mächtigste Wehrburg Kärntens
Largest and mightiest fortified castle in Carinthia

Adlerarena / Eagle Arena
≈ 50 Adler, Falken, Geier, Eulen ...; Quarantäne- und Pflegestation für Vögel
≈ 50 eagles, hawks, vultures, owls ...; quarantine and care station for birds

Affenberg / Monkey Mountain
170 Japanmakaken leben auf 4 ha wie in freier Wildbahn.
170 Japanese macaques live on 4 ha as if in the wild.

BURG UNTERFALKENSTEIN (NIEDERFALKENSTEIN)

Eine der ältesten Burgen Kärntens (1164 erstmals erwähnt), kulissenhaft schöne „romanisch-gotische Idealburg"
One of the oldest castles in Carinthia (first documented in 1164), scenic "ideal Romanesque-Gothic castle"

Obervellach

FRIESACH

Die Burgenstadt – 3 historische Burgen, 1 neue – umgibt ein 820 m langer, durchgehend mit Wasser gefüllter Stadtgraben.
The castle town – 3 historic castles, 1 new one – is surrounded by an 820 m long water-filled moat.

BURG GEIERSBERG

Während der Belagerung von Burg Petersberg erbaut.
Built during the siege of Petersberg Castle.

BURG LAVANT

Ruine, ehemalige Residenz der Bischöfe von Lavant. Seit Brand von 1673 dem Verfall preisgegeben.
Ruined former residence of the bishops of Lavant. Abandoned since a 1673 fire.

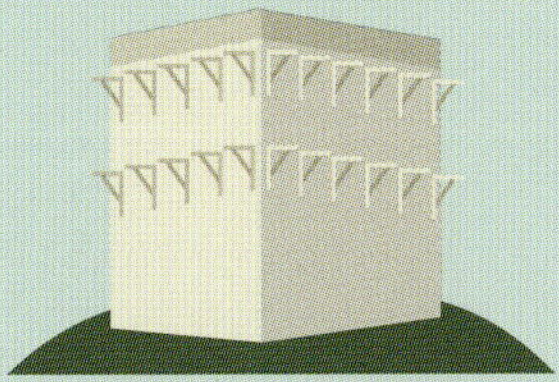

ERLEBNIS BURGBAU FRIESACH BURG SIEGFRIEDSTEIN

Bauzeit / constructed: **2009–ca. 2050**
Ausschließlich mittelalterliche Bautechniken, Baustoffe der Region. Höhenburg mit Wohnturm, Wohngebäude samt Burgkapelle, Eckturm, Ringmauer, Toranlage u. a.
Original medieval building techniques and regional materials used. Hill castle with keep, chapel, bailey, curtain wall, gates, etc.

BURG PETERSBERG

Beherbert Stadtmuseum. Hat einen der größten romanischen Wohntürme im deutschen Sprachraum: 15 x 10 x 28 m
Houses city museum. Has one of the tallest Romanesque keeps in the German-speaking region: 15 x 10 x 28 m

BURGRUINE FINKENSTEIN

Konzertarena für 1.150 Personen
Features concert arena for 1,150 spectators

Landschaft rund um den Faaker See, Sonnenuntergang
Landscape around Lake Faak, sunsets
Starauftritte von / Star performers:
Ambros, Fendrich, Caballé, Carreras, Domingo, Gabalier ...

BURG SOMMEREGG

Mit Museum zu mittelalterlicher Rechtsprechung und Folter
With museum of medieval justice and torture

Seeboden

Zeichen und Symbole
Signs and symbols

In Kärntnens Gemeindewappen stecken vielfältige Hinweise auf historische und sonstige Besonderheiten: von Luther-Rosen über bärenstarke Holzfäller bis zur Autobahn. / Municipal coats of arms in Carinthia contain a variety of references to historical and other special features: from Luther roses to strapping lumberjacks to the motorway.

*** Letzte Gemeinde, der ein Wappen verliehen wurde – 8. Mai 2006**
Last municipality to be granted a coat of arms – 8 May 2006

Einziges Bundesland mit offiziellem Großen Wappen (Vollwappen mit Helm, Helmzier und Helmdecken)
The only Austrian province with an official full coat of arms (or “heraldic achievement”, with helmet, crest and mantling).

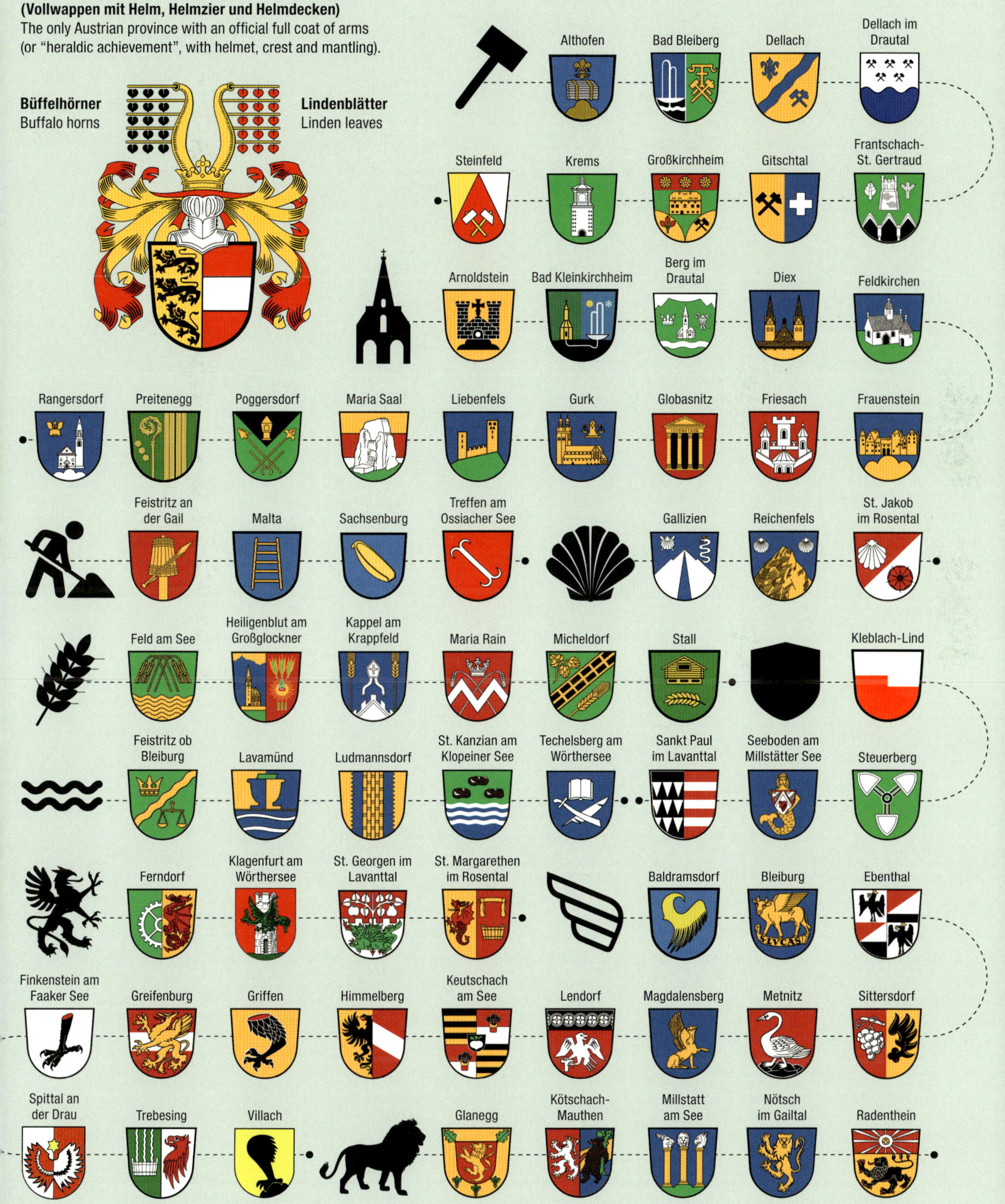

Der Osterhase ist nur Zaungast
The Easter Bunny is not the star of the show

Ostern ist in Kärnten ein wichtiges Familienfest, für manche sogar wichtiger als Weihnachten. / Easter is an important family celebration in Carinthia, for some even more important than Christmas.

Höchster kirchlicher Feiertag der evangelischen Kirchengemeinschaft
Highest church holiday in the Protestant church community

Strenger Fast- oder Abstinenztag für Katholiken, Osterjause wird vorbereitet.
Strict fasting or abstinence day for Catholics while the Easter meal is prepared.

Morgendämmerung: Böllerschießen
At dawn: firecrackers

Osternesterl-Suchen
Searching for Easter nests

„Gotl“ (Taufpate) bringt Patenkind ein Geschenk: „Gotenstrutz“ bzw. „Taschka“,
“Gotl” (godfather) brings his godchild a gift: a “Gotenstrutz” or “Taschka” yeast cake.

Karfreitag Good Friday	Karsamstag Holy Saturday	Ostersonntag Easter Sunday	Ostermontag Easter Monday	…	Dreinagelfreitag Three Nails Friday

Schwammweihe
Mushroom blessing

Getrocknete Baumschwämme werden in geweihten Feuern entzunden, dann in Häuser und auf Felder gebracht.
Dried bark mushrooms are ignited in consecrated fires and brought into the home or onto the fields.

Fleischweihe
Meat blessing

Zutaten der Osterjause werden in Kirchen, vor Marterln und Kapellen gesegnet. Danach wird sie genossen.
The ingredients for the Easter meal are blessed in churches or in front of wayside shrines and chapels before dining.

Osterfeuer
Easter bonfires

Nach Auferstehungsmesse, an Berghängen und im Tal. Symbol für Auferstehung Christi und Vertreibung des Winters
Bonfires are lit in the mountains and valleys after Easter Mass as a symbol of Christ's resurrection and the driving out of winter

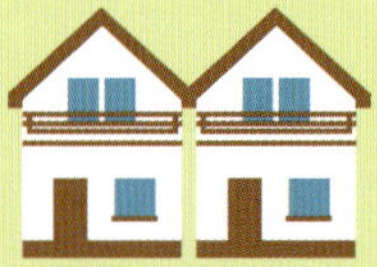

„Osterschinken-Ralley“
“Easter Ham Rally”

Verwandtenbesuche, bei denen es sich vor allem um den Osterschinken dreht
Visits to relatives, mainly devoted to enjoying the Easter ham

„Zu Ostern musst du sieben Schinken essen.“
“At Easter you have to eat seven hams.”

Osterjause
Easter meal

„Wazan“ (aus Weizen Hergestelltes: ungefüllter Reindling, Osterpinze), Osterschinken, Zunge, kalte Selchwürste, Kren, „Eiermotschka“ (Močka: Eierkren mit Apfel), gefärbte Ostereier usw.
“Wazan” (unfilled Reindling yeast cake or Osterpinze sweet rolls), Easter ham, tongue, cold boiled sausages, horseradish, “Eiermotschka” (Močka: egg horseradish with apple), dyed Easter eggs, etc.

Vierbergelauf – Wallfahrt / Pilgrimage

Dreinagelfreitag
Three Nails Friday

2 Wochen nach Karfreitag
2 weeks after Good Friday

Neumond
New moon

52 km

29
Rosenkränze / rosaries

1.500
Höhenmeter / altitude difference

ca. 16
Std. / hours

4.000–10.000
Bergler (Teilnehmer / participants**)**

Berglerlaub (auf Hut oder Wanderstock / fastened to hat or hiking stick)

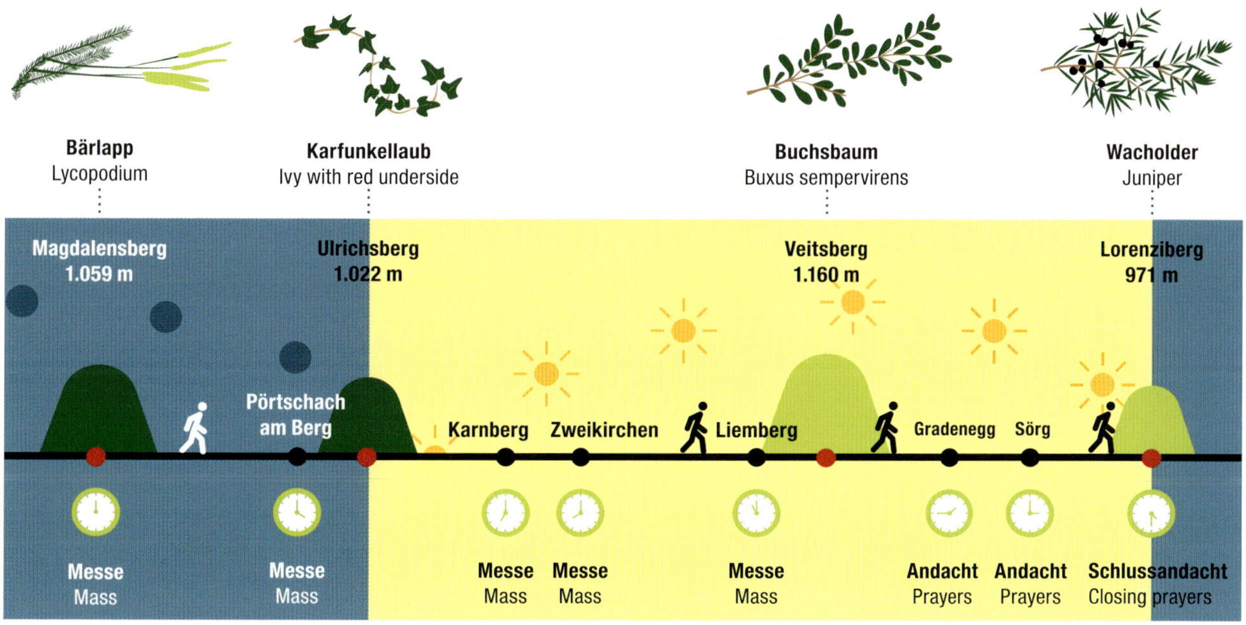

ca. / approx. 1.000
Süßigkeiten mitnehmen für Kinder am Wegesrand (1 pro Kind)
sweets are handed out to children along the way (1 per child)

3 x Vierbergelauf = 1 x Ticket fürs Paradies
3 x Four-Mountain Hike = 1 x ticket to paradise

Kreuzbusseln: An den Ortseingängen werden Wallfahrer vom jeweiligen Dorfpfarrer mit Kreuz empfangen.
Kissing of crosses: At the entrances to the villages, pilgrims are received by the village priest with a cross.

4 hl. Keltenberge / 4 holy mountains

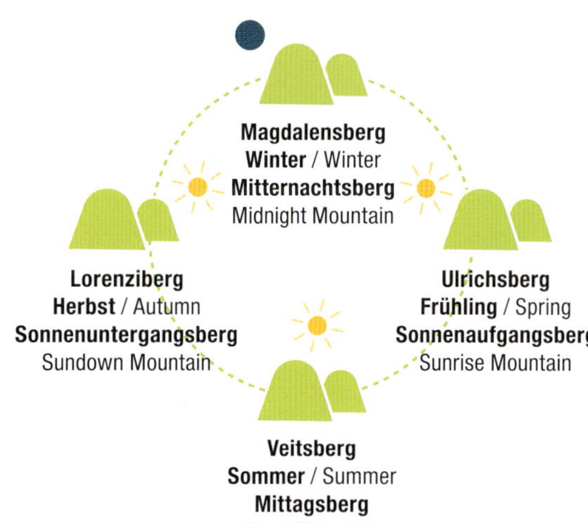

Kärnten im Ausnahmezustand
Extraordinary goings-on in Carinthia

Diese Bräuche gibt es fast nur in Kärnten und sind unverwechselbar.
These customs are virtually unique to Carinthia.

Sternlied / Sternlied carol
Danklied / Song thanking hosts

Heiligenbluter Sternsingen
Heiligenblut Christmas Carolling

Heiligenblut

5./6. Jänner / January

Kirchensänger werfen Agathenstriezel zu Ehren der hl. Hildegard von Stein.
Church singers toss Agathenstriezel buns in honour of St. Hildegard von Stein.

Striezelwerfen

Stein im Jauntal

1. Februarsonntag
1st Sunday in February

Kufenstechen
Slovene Quintain

Gailtal

Juni, Juli / June, July –
Kirchtag / Feast of the patron saint of the church

Jänner January	**Februar** February	**März** March	**April** April	**Mai** May	**Juni** June

„Ante Pante" – Kirchleintragen
Carrying little churches

Bad Eisenkappel

1. Februar / February
Abend vor Maria Lichtmess
Candlemas Eve

Kirchlein aus Holz oder Papier werden gesegnet und in den Vellachbach gesetzt. / Little wood or paper churches are blessed and then floated down the River Vellach.

„Ante pante populore, kocle vrate cvile lore"

Verballhornung von: „Ante faciem omnium populorum (Lukas 2,31: Vor dem Angesicht aller Völker), beim Kocel quietschen die Tore.
The first part is a corruption of the Latin "Ante faciem omnium populorum (Lukas 2,31: In the sight of all nations). The second part is Slovenian and roughly means "Kocelj's doors creak".

Kranzelreiten
Wreath Riding

Weitensfeld

Pfingstmontag / Whit Monday

Der Wettlauf um die Gunst des Burgfräuleins wird von Reitern angekündigt und begleitet.
Riders announce and accompany the race for the favour of a fair damsel.

Alle 25 Jahre wird anstatt der Statue ein leibhaftiges Mädchen geküsst.
Every 25 years a living woman is kissed instead of a statue.

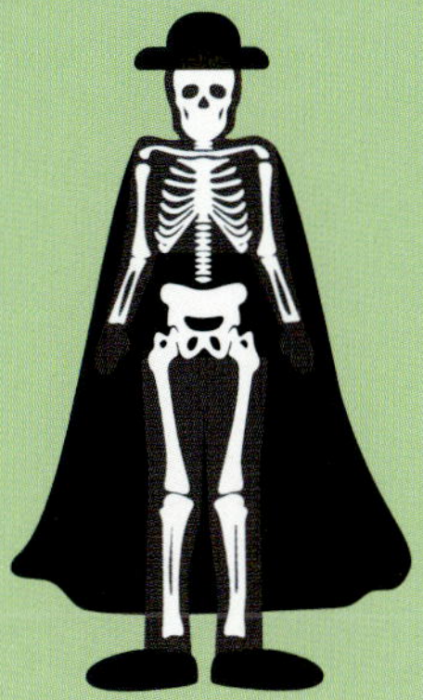

Volksschauspiel / Popular spectacle

Metnitzer Totentanz
Metnitz Danse Macabre

Metnitz

alle vier Jahre Ende Juli, Anfang August
every four years in late July, early August

Dreimaliges Reiten um die Kirche und Tiersegnung.
Riders circle the church three times and then the priest blesses the horses.

Stefaniritt / St. Stephen's Day Ride

u. a. / towns including: St. Stefan im Lavanttal

26. Dezember / December

Juli July	**August** August	**September** September	**Oktober** October	**November** November	**Dezember** December	

„Schapp, schapp, gsund bleibn,
long leben und a glicklchs neies Johr.
Net klunz und net klogn
bis i wieda kumm schlogn."

Schappen / Pisnen / Frisch-und-gsund-Wixn

Kärnten / Carinthia

28. Dezember bis max. 12 Uhr mittags
December – only until noon
Tag der unschuldigen Kinder
Innocent Children's Day

Kinder ziehen mit „Tase" (Tannenzweigen, Ruten) von Haus zu Haus.
Children go from door to door carrying a "Tase" (spruce branch or rod) and wish the adults health and happiness with a rhyme.

Es lebe der Sport!
Long live sport!

Spitzen- und Breitensport in Kärnten – eine kleine Bestandsaufnahme / Professional and amateur sport in Carinthia – a brief overview

DAS SPORTLAND KÄRNTEN IN ZAHLEN
SPORT IN CARINTHIA IN FIGURES

SPORT-GROẞVERANSTALTUNGEN
MAJOR SPORTING EVENTS

IRONMAN

Ironman Austria
am Wörthersee, seit 1998 einer der größten Triathlon-Events Europas, ca. 3.000 Athleten aus aller Welt. Rekordsieger*in: 3 x Wendy Ingraham (USA), 8 x Marino Vanhoenacker (Belgien)
at Lake Wörth, one of Europe's largest triathlons since 1998, about 3,000 athletes from all over the world. Record holders: 3 x Wendy Ingraham (USA), 8 x Marino Vanhoenacker (Belgium)

BAD KLEINKIRCHHEIM SKI-WELTCUP

Skiweltcup / Ski World Cup
Bad Kleinkirchheim: 1978–2018

Großglockner-Berglauf
mountain run
Heiligenblut – Franz-Josefs-Höhe
max. 900 Läufer*innen / runners

GROSSGLOCKNER BERGLAUF

KÄRNTEN LÄUFT

Kärnten läuft
am Wörthersee, seit 2002, 3-Tage-Eventprogramm für Hobby- und Spitzensportler*innen: vom Hundelauf über Bambini-Sprint bis Halbmarathon (2021: 1.193 Finisher)
at Lake Wörth, since 2002, 3-day event programme for amateur and pro athletes: from dog run to bambini sprint to half-marathon (2021: 1,613 finishers)

WÖRTHERSEE STADION

Zentrum des Sportparks Klagenfurt mit Trainingsplätzen, Leichtathletik-Arena, Sportpark-Halle
Centrepiece of Sportpark Klagenfurt, which also offers training fields, athletics arena and indoor hall

2007
Fertigstellung
Completion

2007–2010
„Hypo-Group-Arena"

2008
Austragungsort von Spielen der Fußball-EM
Venue for European Football Championship matches

66,5 Mio. / million **€**
Errichtungskosten
Construction costs

Neben Sportveranstaltungen auch Open-Air-Konzerte
Also hosts open-air concerts

Fassungsvermögen (in % der Einwohner der jeweiligen Stadt)
Capacity (in % of the inhabitants of the respective city)

Wembley Stadium (London)	**1 %**
Ernst Happel Stadion (Wien / Vienna**)**	**3 %**
Allianz Arena (München / Munich**)**	**5 %**
Camp Nou (Barcelona)	**6 %**
Red Bull Arena (Salzburg)	**19 %**
Wörthersee Stadion (Klagenfurt)	**30 %**

8.9.–27.10.2019
Kunstprojekt „For Forest" von Klaus Littmann – 299 Bäume (16 Arten) wurden aufs Spielfeld gestellt; inspiriert von Max Peintners Zeichnung „Die ungebrochene Anziehungskraft der Natur".
Art project "For Forest" by Klaus Littmann – 299 trees (16 species) were arranged on the field; inspired by Max Peintner's drawing "The Unending Attraction of Nature".

30.000 Zuschauer / spectators
drittgrößtes Fußballstadion Österreichs
Third-largest football stadium in Austria

Der Ski-Kaiser
The Emperor of Skiing

Vom Bergbauernbub zur Skilegende: Franz Klammer ist der erfolgreichste Abfahrtsfahrer der Geschichte. / From alpine farm boy to ski legend: Franz Klammer is the most successful downhill ski racer in history.

26
Weltcup-Siege
World Cup victories

25 x — **Abfahrt** Downhill

1 x — **Kombination** Combined

5 x
Gesamtsieger im Abfahrtsweltcup
Overall World Cup champion in downhill

8 x
Kärntner Sportler des Jahres
Carinthian Athlete of the Year

4 x Streif – Kitzbühel (A)
4 x Saslong – Gröden (I)
3 x Lauberhorn – Wengen (CH)
3 x Oreiller-Killy – Val-d'Isère (F)
2 x Kandahar – Garmisch (D)

3 x
Österreichs Sportler des Jahres
Austrian Sports Personality of the Year
1975, 1976 und / and **1983**

Franz Klammer Foundation
Unterstützt Personen, die in Zusammenhang mit dem Sport in Not geraten sind.
Assists people in need in the sports world.

Franz Klammer Weltcup-Abfahrtspiste
Franz Klammer World Cup Downhill Slope
Bad Kleinkirchheim

Franz Klammer Trophy
Golfclub Bad Kleinkirchheim-Kaiserburg
Bad Kleinkirchheim-Kaiserburg Golf Club

Spielfilm / Feature film
Klammer – Chasing the Line (A 2021)

1988–1998
Erfolgreicher Profiskirennläufer in den USA
Successful professional ski racer in the USA

Goldenes Ehrenzeichen für Verdienste um die Republik Österreich
Gold Decoration of Honour for Services to the Republic of Austria.

heute / today
50–60 Tage im Jahr (beruflich) auf Skiern unterwegs
Spends 50–60 days a year on skis (professionally)

2003

Kärntner Landesorden in Gold
Carinthian Medal of Honour in Gold

1996

1993
Stephanie

1988
Sophie

Seit Mitte der 1980er-Jahre Golfspieler (2. Leidenschaft)
Since the mid-1980s Golfer (2nd great passion)

***3.12.1953 Mooswald**

START START

1961

1. Liftfahrt in Bad Kleinkirchheim
1st ski lift ride

1971

1.12.
gewinnt Europacup-Abfahrt
European Cup downhill champion
FIS K70, Bad Kleinkirchheim

1973

3.2.
2. Platz, Abfahrt – 1. Podiumsplatzierung
2nd place, downhill – 1st time on the podium
St. Anton am Arlberg

22.12.
1. Abfahrtssieg im Weltcup
1st World Cup downhill victory
Schladming (A)

1974

10.2.
Alpine Skiweltmeisterschaften
Alpine World Ski Championships
Gold – Kombination / Combined
St. Moritz (CH)

8.12.
Val-d'Isère (F)

15.12.
St. Moritz (CH)

1975

5.1.
Garmisch-Partenkirchen (D)

11.1.
Wengen (CH)

18.1.
Kitzbühel (A)

26.1.
Innsbruck (A)

9.3.
Jackson Hole (USA)

21.3.
Gröden (I)

Goldmedaille bei Olympia, Abfahrt
Olympic gold medal, downhill
Patscherkofel, Innsbruck
1:45,73 min

Alpine Skiweltmeisterschaften
Alpine World Ski Championships
Gold – Abfahrt / Downhill
Innsbruck (A)

1976

11.1.
Wengen (CH)

25.1.
Kitzbühel (A)

5.2.

12.3.
Aspen (USA)

27.10.
Skieur d'Or („Goldener Skifahrer"
"Golden Skier)

12.12.
Madonna di Campiglio (I)

17.12.
Gröden (I)

18.12.
Gröden (I)

1977

8.1.
Garmisch-Partenkirchen (D)

10.1.
Wengen (CH)

15.1.
Kitzbühel (A)

17.1.
Morzine (F)

22.1.
Wengen (CH)

10.2.
Österreichische Alpine Skimeisterschaften
Austrian Alpine Ski Championships
Gold – Abfahrt / Downhill
Bad Kleinkirchheim

18.2.
Laax (CH)

20.2.
Bruder Klaus stürzt bei FIS-Abfahrt und bleibt querschnittsgelähmt.
Brother Klaus paralysed from the waist down after a crash in the FIS downhill competition.

11.12.
Val-d'Isère (F)

1978

11.3.
Laax (CH)

1979

6.8.
Eva Hämmerle

Fairmont Heritage Place – Franz Klammer Lodge
Telluride (CO), USA

1980

Verpasst Qualifikation für Olympia.
Fails to make the Olympics team.

1981

6.12.
Val-d'Isère (F)

20.12.
Gröden (I)

1982

Kärntner Landesorden in Silber
Carinthian Medal of Honour in Silver

1983

1984

21.1.
Letzter Weltcup-Sieg
Last World Cup victory
Kitzbühel (A)

1985

14.3.
Letztes Weltcup-Rennen
Last World Cup race
Aspen

20.4.
Rücktritt vom Skisport
Retires from skiing

1985–1988
Autorennfahrer, Deutsche Tourenwagenmeisterschaft (DTM)
Car racer, German Touring Car Championship (DTM)

Pflichtlektüre!
Compulsory reading!

Werke von Kärntner Schriftstellerinnen und Schriftstellern gehören in jede Bibliothek. / Works by Carinthian authors belong in every library.

Georg-Büchner-Preis / Georg Büchner Prize
Großer Österreichischer Staatspreis für Literatur / Grand Austrian State Prize for Literature
Ingeborg-Bachmann-Preis / Ingeborg Bachmann Prize
Prešeren-Preis / Prešeren Award
Kleist-Preis / Kleist Prize
Antonio Fian Einöde. Außen. Tag 1987
Antonio Fian Was bisher geschah 1994
Antonio Fian Das Polykrates-Syndrom 2014
Antonio Fian Nachrichten aus einem toten Hochhaus 2020
Antonio Fian
*1956
Helga Glantschnig Liebe als Dressur 1987
Helga Glantschnig Blume ist Kind von Wiese oder Deutsch ist meine neue Zunge 1993
Helga Glantschnig
*1958
Egyd Gstättner Ein Kranker Geist in einem kranken Körper. Eine „Biographie" 1984
Egyd Gstättner Das Geisterschiff 2013
Egyd Gstättner Leopold der Letzte 2021
Egyd Gstättner
*1962
Michael Guttenbrunner Schwarze Ruten 1947
Michael Guttenbrunner Opferholz 1954
Michael Guttenbrunner Im Machtgehege 1976
Michael Guttenbrunner Lichtvergeudung 1995
Michael Guttenbrunner
1919–2004
Maja Haderlap Žalik pesmi (Salige Gedichte) 1983
Maja Haderlap Engel des Vergessens 2011
Maja Haderlap langer transit 2014
Maja Haderlap
*1961
Alois Hotschnig Aus 1989
Alois Hotschnig Leonardos Hände 1992
Alois Hotschnig Ludwigs Zimmer 2000
Alois Hotschnig Der Silberfuchs meiner Mutter 2021
Alois Hotschnig
*1959
Gustav Januš P(e)s(m)i / Gedichte/Hunde 1978
Gustav Januš Der Kreis ist jetzt mein Fenster / Krog je zdaj moje okno 1998
Gustav Januš Mein Wort keimt auf als Bild / Moja beseda klije navzgor kot slika 2005
Gustav Januš
*1939
Gert Jonke Geometrischer Heimatroman 1969
Gert Jonke Schule der Geläufigkeit 1977
Gert Jonke Erwachen zum großen Schlafkrieg 1982
Gert Jonke Es singen die Steine 1998
Gert Jonke
1946–2009
Werner Kofler Örtliche Verhältnisse 1973
Werner Kofler Guggile 1975
Werner Kofler Der Hirt auf dem Felsen 1991
Werner Kofler Tanzcafe Treblinka 2001
Werner Kofler
1947–2011
Christine Lavant Das Kind 1948
Christine Lavant Die Bettlerschale 1956
Christine Lavant Spindel im Mond 1959
Christine Lavant Der Pfauenschrei 1962
Christine Lavant
1945–1973
Josef Friedrich Perkonig Die stillen Königreiche 1917
Josef Friedrich Perkonig Kampf um Kärnten 1930
Josef Friedrich Perkonig Das Zauberbründl. Das Volk in den Alpen erzählt 1942
Josef Friedrich Perkonig Patrioten 1950
Josef Friedrich Perkonig
1890–1959
Peter Turrini Rozznjogd 1967
Peter Turrini Alpensaga 1974
Peter Turrini Josef und Maria 1980
Peter Turrini Grillparzer im Pornoladen 1993
Peter Turrini
*1944
Dolores Vieser Das Singerlein 1928
Dolores Vieser Der Gurnitzer 1932
Dolores Vieser
1904–2002
Josef Winkler Menschenkind 1979
Josef Winkler Der Ackermann aus Kärnten 1980
Josef Winkler Friedhof der bitteren Orangen 1990
Josef Winkler Roppongi. Requiem für einen Vater 2007
Josef Winkler Ich reiß mir eine Wimper aus und stech dich damit tot 2008
Josef Winkler Lass dich heimgeigen, Vater oder Den Tod ins Herz mir schreibe 2018
Josef Winkler
*1953

Der schönste Betriebsausflug der Literaturszene

Literary staff outing

Die „Tage der deutschsprachigen Literatur“ mit Vergabe des Ingeborg-Bachmann-Preises machen Klagenfurt alljährlich zur Hauptstadt der deutschsprachigen Literatur. / Klagenfurt becomes a magnet for the literary scene each year with the Festival of German-Language Literature and the awarding of the Ingeborg Bachmann Prize.

Ingeborg Bachmann (1926–1973)
Geboren in / Born in **Klagenfurt**

Kärntner Wettlesen / Klagenfurt Reading Contest

Live im TV, Radio & www / Live on TV, radio & www

Jury / Jury

Wählt die Teilnehmer*innen aus.
Selects the participants.

Autor*innen lesen 14 unveröffentlichte Prosatexte. Dann diskutiert die Jury.
Authors read 14 unpublished prose texts. Then the jury confers.

Shortlist

Nicht öffentlich ermittelt.
Decision process not made public.

Jury bestimmt öffentlich
Jury votes publicly

kelag
Kelag-Preis
Kelag Prize

3sat
3sat-Preis
3sat Prize

Deutschlandfunk
Deutschlandfunk-Preis
Deutschlandfunk Prize

25.000 €
Ingeborg-Bachmann-Preis / Prize

Publikum wählt
The audience votes

Publikumspreis
Prize of the Audience

Parellelevents / Parallel events

Fußballspiel / Football match
FC Literatur – Blasi Tigers (ORF-Mitarbeiter ORF employees)

Junior Bachmann Literaturwettbewerb
Literary Contest
für 10- bis 19-Jährige
for 10- to 19-year-olds

Salon Inge
Rahmenprogramm mit Public Viewing, Wanderung auf Bachmanns Spuren, Rap und Poetry Slam …
Supporting programme with audience events, a walk in Bachmann's footsteps, rap and poetry slam …

Projekt Ingeborg
250 knallgelbe, auf ganz Kärnten verteilte Sticker ermuntern, mit dem Handy die Kunstszene zu entdecken.
250 yellow stickers all over Carinthia encourage people to discover the art scene using their mobile phones.

Schwimmwettbewerb im Wörthersee
Swimming competition in Lake Wörth
mit Autor*innen, Verlagsleuten, Kritiker*innen
with authors, publishers and critics

„Klagenfurter Roulette“
„Carinthian roulette“

Staatsbürgerschaft der Preisträger
Citizenship of the award winners

- **30 Deutschland** / Germany
- **6 Österreich** / Austria
- **5 Schweiz** / Switzerland
- **2 Ukraine**
- **1 Ungarn** / Hungary
- **1 Russland** / Russia

Gert Jonke
Maja Haderlap
Kärntner Preisträger*innen
Carinthian award winners

Preisträger*innen
Award winners
42,2 %
57,8 %

40,9 Jahre / years
Durchschnittsalter Preisträger*innen
Average age of award winners

Franzobel
jüngster Preisträger
youngest winner
28

Gert Jonke
1. Preisträger
1st winner

Helga Schubert
älteste Preisträgerin
oldest winner
80

Aufreger und Skandale / Provocations and scandals

1977
Juror Marcel Reich-Ranicki beleidigt die Autorin Karin Struck: Sie verlässt den Wettbewerb.
Juror Marcel Reich-Ranicki insults author Karin Struck, who immediately departs.

1980
Sten Nadolny verteilt sein Preisgeld unter allen 17 Teilnehmer*innen.
Sten Nadolny distributes his prize money among all 17 participants.

1983
Rainald Goetz ritzt sich während seiner Lesung die Stirn auf.
Rainald Goetz cuts his forehead with a razor blade during his reading.

1990
Margit Schreiner und Hubert Konrad Frank ausgeschlossen (Texte bereits veröffentlicht).
Margit Schreiner and Hubert Konrad Frank are banned (texts already published).

1991
Urs Allemanns Text „Babyficker" löst Skandal aus.
Urs Allemann's text "Baby Fucker" causes a scandal.

1993
Christina Günther verschläft ihren Auftritt.
Christina Günther oversleeps and misses her performance.

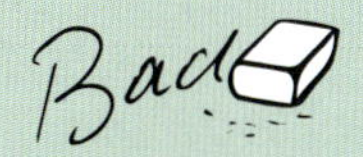

2000
Bachmann-Erben verbieten wegen Jörg Haiders Politik den Namen „Ingeborg-Bachmann-Wettbewerb".
Bachmann heirs forbid the name "Ingeborg Bachmann Competition" due to Jörg Haider's politics.

2007
PeterLicht liest mit dem Rücken zum Fernsehpublikum.
PeterLicht reads with his back to the television audience.

„Mutter aller literarischen Schlachten"
"The mother of all literary battles"

2009
Philipp Weiss verspeist sein Manuskript „Blätterliebe".
Philipp Weiss eats part of his manuscript "Love of Leaves".

2012
Leopold Federmair fotografiert Jury, während sie seinen Text zerpflückt.
Leopold Federmair photographs the jury while they pick his text apart.

„Literarische Castingshow"
"Literary talent show"

Kunst kommt von Kärnten

Visionaries and rebels

International bekannt und gefragt – Künstler aus Kärnten / Known and collected worldwide – artists from Carinthia

Gabbrief von Maximilian I. an die Landstände
Letter of Donation from Maximilian I
to the Provincial Estates **(1740)**
Josef Ferdinand Fromiller
1693–1760

Porträt / Portrait of
Herbert Boeckl
(ca. 1927)
Arnold Clementschitsch
1887–1970

Maria Saal mit dem Ulrichsberg
Maria Saal with Mount Ulrich
(1927)
Herbert Boeckl
1894–1966

Der Großglockner / The Grossglockner
Markus Pernhart
1824–1871

Ohne Titel / Untitled **(1962)**
Hans Bischoffshausen
1927–1987

Regen / Rain **(1950)**
Werner Berg
1904–1981

Seccomalerei, Kirche Tanzenberg / Fresco-secco, Tanzenberg Church **(1986/87)**
Valentin Oman
***1935**

Paradies / Paradis
(seit / since **1979)**
Cornelius Kolig
***1942**

KÜNSTLER DES NÖTSCHER KREISES
ARTISTS IN THE NÖTSCHER CIRCLE

Der blaue Berg
The Blue Mountain
(1906)
—
Sebastian Isepp
1884–1954

Selbstporträt
Self-Portrait
(1923)
—
Anton Kolig
1886–1950

Gailtalerinnen / Gailtal Women **(1935)**
—
Franz Wiegele
1887–1944

Selbstporträt / Self-Portrait
—
Anton Mahringer
1902–1974

Großer Österreichischer Staatspreis für Bildende Kunst
Grand Austrian State Prize for Visual Art

Österreichisches Ehrenzeichen für Wissenschaft und Kunst
Austrian Decoration for Science and Art

Ehrenkreuz für Wissenschaft und Kunst I. Klasse
Cross of Honour for Science and Art, First Class

Felix Austria (1970–1983)
—
Hans Staudacher
1923–2021

Wand der Kläger
Wall of the Plaintiffs
(1955)
—
Giselbert Hoke
1927–2015

Doppelselbstporträt mit Kamera
Double Self-Portrait with Camera
(1974)
—
Maria Lassnig
1919–2014

Ohne Titel / Untitled **(2007)**
—
Heimo Zobernig
***1958**

Sollstelle II (2019)
—
Wolfgang Walkensteiner
***1949**

Das höchste der Gefühle
As good as it gets

Kärntner Superlative / Carinthian superlatives

GRÖSSTES SKIGEBIET KÄRNTENS
BIGGEST SKI AREA IN CARINTHIA
Nassfeld

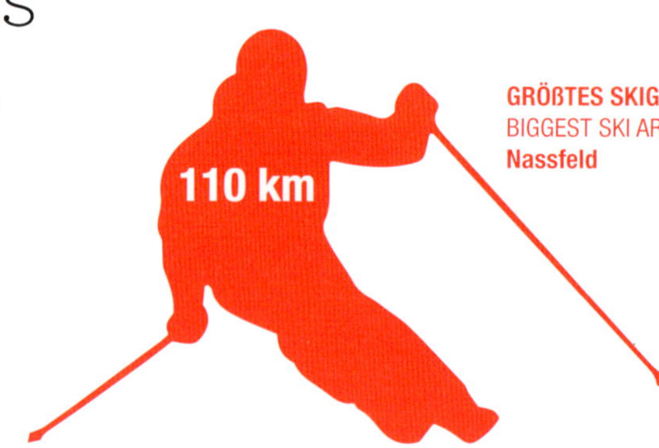

GRÖSSTE GEOPLASTIK EUROPAS
LARGEST LANDSCAPE SCULPTURE IN EUROPE
Kärnten-Relief in Villach (1931)
Carinthian Relief Model in Villach (1931)

WELTWEIT ERSTER NACHTFLUG
WORLD'S FIRST NIGHT FLIGHT
Dr. Josef Sablatnig
(*1886, †1946: Sowjetisches Speziallager Nr. 2 / Soviet Special Cam No. 2, Buchenwald**)**

ÄLTESTE KIRCHE KÄRNTENS
OLDEST CHURCH IN CARINTHIA
Pfarrkirche Karnburg

167 m
HÖCHSTER UND GRÖSSTER SENDETURM ÖSTERREICHS
TALLEST AND BIGGEST TRANSMITTER TOWER IN AUSTRIA
Sendeturm Dobratsch / Dobratsch Transmitter Tower

GRÖSSTES BONSAIMUSEUM EUROPAS
BIGGEST BONSAI MUSEUM IN EUROPE
Bonsaimuseum / Bonsai museum
Seeboden am Millstätter See

LÄNGSTE UNTERIRDISCHE STANDSEILBAHN DER WELT
WORLD'S LONGEST UNDERGROUND FUNICULAR
Mölltaler Gletscherexpress

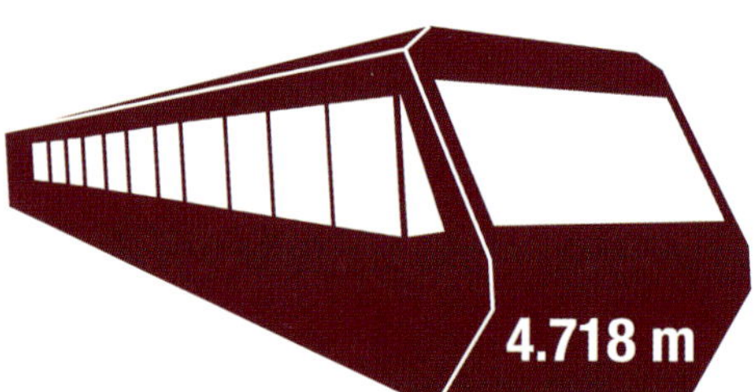

1215
ÄLTESTE STADT KÄRNTENS
OLDEST TOWN IN CARINTHIA
Friesach

NGSTER EISENBAHNTUNNEL ÖSTERREICHS
LONGEST RAILWAY TUNNEL IN AUSTRIA
Koralmtunnel / Koralm Tunnel
ab / from **2026**

ÄLTESTES VOLKSFEST KÄRNTENS
OLDEST FOLK FESTIVAL IN CARINTHIA
St. Veiter Wiesenmarkt

HÖCHSTE SCHAUKEL DER ALPEN
HIGHEST SWING IN THE ALPS
Lesachtal-St. Lorenzen

GRÖẞTER NATIONALPARK MITTELEUROPAS (440 KM² IN KÄRNTEN)
BIGGEST NATIONAL PARK IN CENTRAL EUROPE (440 KM² IN CARINTHIA)
Nationalpark Hohe Tauern

GRÖẞTE UND SCHWERSTE KIRCHENGLOCKE KÄRNTENS
BIGGEST AND HEAVIEST CHURCH BELL IN CARINTHIA
Maria Saal

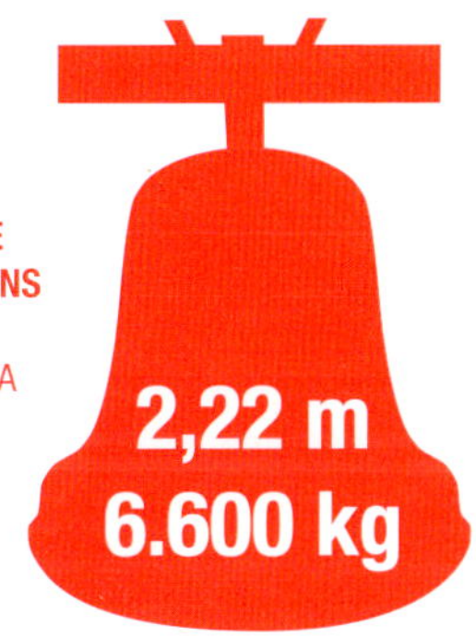

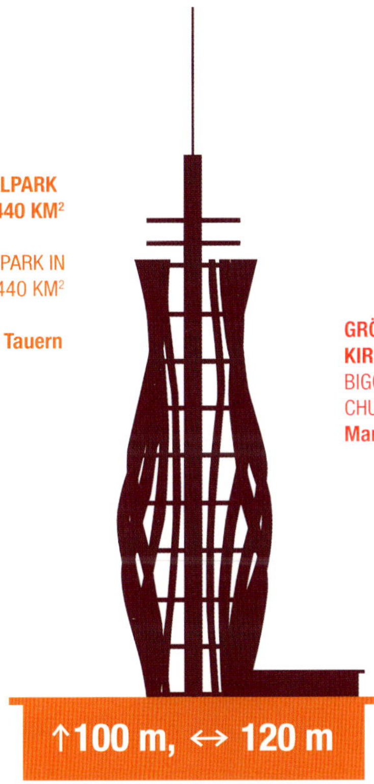

HÖCHSTER AUS HOLZ GEFERTIGTER AUSSICHTSTURM DER WELT UND LÄNGSTE GEBÄUDERUTSCHE EUROPAS (CA. 30 SEK.)
WORLD'S TALLEST WOODEN OBSERVATION TOWER AND LONGEST INTERIOR SLIDE IN EUROPE (CA. 30 SEC)
Pyramidenkogel

SÜDLICHSTE GEMEINDE ÖSTERREICHS
SOUTHERNMOST MUNICIPALITY IN AUSTRIA
Eisenkappel-Vellach
Železna Kapla-Bela

ÄLTESTE SCHRIFTZEUGNISSE ÖSTERREICHS
OLDEST WRITTEN DOCUMENTS IN AUSTRIA
Gurina bei / near **Dellach im Gailtal**

7.247 €
PRO-KOPF-VERSCHULDUNG ÖSTERREICHS
HIGHEST PER CAPITA DEBT IN AUSTRIA
Kärnten / Carinthia

GRÖẞTE NATUREISFLÄCHE EUROPAS
BIGGEST GROOMED SHEET OF NATURAL ICE IN EUROPE
Weißensee

Der Weg ist das Ziel
The journey is the reward

Schnell fahren zählt auf Kärntens Panoramastraßen nicht, im Vordergrund steht der Fahrgenuss, egal ob auf zwei oder vier Rädern. / On Carinthia's panoramic roads, it's not about driving fast but about enjoying the ride, whether on two or four wheels.

VILLACHER ALPENSTRAßE – „DOBRATSCHSTRAßE“
VILLACH ALPINE ROAD – "DOBRATSCH ROAD"

Rosstratte

8,15 km

Villach-Möltschach

Rosstratte (1.732 m)

16,5 km

7

10 %

ganzjährig
year-round

Villacher Becken, Julische Alpen, Karawanken
Villach Basin, Julian Alps, Karawanks

GOLDECK PANORAMASTRAßE – „DIE STRAßE AUF DEN SPORTBERG“
GOLDECK PANORAMIC ROAD – "THE ROUTE UP THE SPORTS MOUNTAIN"

Parkplatz Seetal

9,48 km

Zlan

Parkplatz Seetal (1.883 m)

14,5 km

10

10 %

Mai–Okt.
May–Oct.

Führt durch Almgebiet.
Leads through alpine pastures.

Gailtaler Alpen, Karawanken
Gailtal Alps, Karawanks

MALTA HOCHALMSTRAßE – „DURCH DAS ‚TAL DER STÜRZENDEN WASSER‘“
MALTA HIGH ALPINE ROAD – "THROUGH THE 'VALLEY OF WATERFALLS'"

Größte Staumauer Österreic
Tallest dam in Austria
200 m hoch / high
626 m breit / wide

Kölnbrein-Staumauer
Kölnbrein Dam

11 km

Mautstelle, Brandstatt 8

Kölnbreinsperre
Kölnbrein Dam
(1.933 m)

14,4 km

9

13 %

Mai–Okt.
May–Oct.

6 Felsentunnel, unbeleuchtet, teilweise einspurig
Rock tunnel, unlit, partly single lane

Zahlreiche Wasserfälle
Numerous waterfalls

Fallbachfall Höchster Wasserfall Kärntens (220 m)
Highest waterfall in Carinthia (220 m)

GROẞGLOCKNER HOCHALPENSTRAẞE – „KÖNIGIN DER ALPENSTRAẞEN“ / GROSSGLOCKNER HIGH ALPINE ROAD – “QUEEN OF THE ALPINE ROADS”

Fusch-Ferleiten (Salzburg)

Gesamtstrecke / Entire route

48 km

36

4,07 km

in Kärnten / Carinthia

4,26 km

Hochtor

10,6 km

14

12 %

Mai–Okt.
May–Oct.

Hochtor
(2.504 m)

Heiligenblut

Top-3-Sehenswürdigkeit Österreichs
Top 3 sights in Austria

≈ 900.000
Besucher pro Jahr
visitors per year

1935
eröffnet / opened

∅ 550.000 m³
Schnee werden im Frühjahr mit 5 Rotationsschneefräsen in ca. 2–3 Wochen beseitigt.
of snow is cleared in the spring in about 2–3 weeks using 5 rotary snow blowers.

NOCKALMSTRAẞE – „BLUMENSTRAẞE“ / NOCKALM ROAD – “FLOWER ROAD”

Innerkrems

35 km

52

12 %

Mai–Okt.
May–Oct.

Eisentalhöhe
(2.042 m)

Gasthöfe mit „Murmeltieranschluss“
Inns with “groundhog connection”

Größter Zirbenwaldbestand der Ostalpen
Largest Swiss stone pine forest in the Eastern Alps

Karlbad
Über 300 Jahre altes Bauernbad
Over 300-year-old “farm spa”

16,45 km

Ebene Reichenau

Legende / Legend

Luftlinie
Air-line distance

Streckenlänge
Route length

Befahrbar
Passable

Kehren
Hairpin turns

Max. Steigung
Max. gradient

Ausblick
Scenic viewpoint

Höchster Punkt
Highest point

Tunnel
Tunnel

Dein Freund und Helfer
Girls and boys in blue

Die Polizei in Kärnten / The Police in Carinthia

133
Notruf / Emergency call
112
Europäische Notrufnummer
European emergency number

278.336
Notrufe
emergency calls

Ø 763
Anrufe pro Tag
calls per day

Ø 32
Anrufe pro Std.
calls per hour

241 Kärntner*innen – 1 Polizist*in
241 Carinthians – 1 police officer

83
Polizeiinspektionen (Polizeidienststellen)
police stations

49
Ortsgemeinden ohne Polizeiinspektion
municipalities without a police station

18 %
Frauen / women

2.333
Polizist*innen
police officers

davon / thereof
2.075
im exekutiven Außendienst
in executive field service

14
Polizeihunde
police dogs

434
Polizeifahrzeuge
police vehicles

7
Polizeimotorboote
police motorboats

27
Polizeimotorräder
police motorcycles

1
Reserveboot
reserve boat

12.166.043
gefahrene Kilometer
kilometers driven

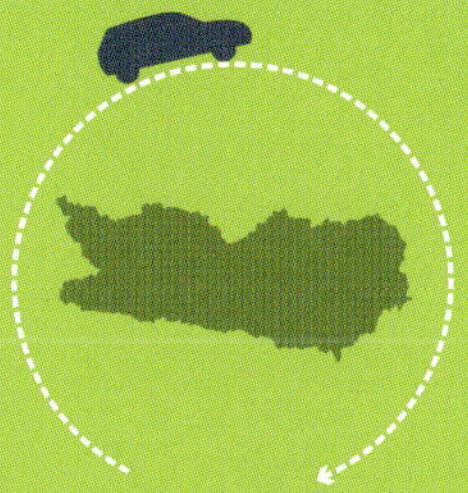

17.556 x
Kärnten umrundet
trips around the circumference of Carinthia

52,5 %
gegen fremdes Vermögen
against property

25,9 %
sonstige strafbare Handlungen
other criminal offences

1,3 %
gegen die sexuelle Integrität und Selbstbestimmung
against sexual integrity and self-determination

20,3 %
gegen Leib und Leben
against life and limb

24.286
Strafbare Handlungen (Anzeigen)
criminal offences (reported)

67 pro Tag / per day

59,2 %
Aufklärungsquote
resolved cases

2.120
rechtskräftige Verurteilungen
final convictions

6 pro Tag / per day

GEWALTKRIMINALITÄT / VIOLENT CRIME

3.647
Gewaltdelikte / violent offences

HAUPTTATMITTEL / MAIN WEAPONS

105
Delikte mit Stichwaffe
offences with knives

4
Morde / murders
4♀

38
Angezeigte Vergewaltigungen
reported rapes

47
Angezeigte Raube
reported robberies

EIGENTUMSKRIMINALITÄT / PROPERTY CRIME

368
Haus- oder Wohnungseinbrüche
house or apartment break-ins

226
Taschen- und Trickdiebstähle
pickpocketing or confidence tricks

88
Diebstähle von Kfz (bei 505.154 Fahrzeugen)
vehicle thefts (with 505,154 vehicles registered)

SUCHTMITTELKRIMINALITÄT / DRUG-RELATED CRIME

2.849
Delikte nach dem Suchtmittelgesetz
violations of the Narcotic Substances Act

15
bestätigte Drogentote
confirmed drug-related deaths

WIRTSCHAFTSKRIMINALITÄT / ECONOMIC CRIME

3.015
Delikte / offences

INTERNETKRIMINALITÄT / CYBERCRIME

183
im engeren Sinne (gegen Datennetze, Daten usw. gerichtet)
offences in the narrower sense (against data networks, data etc.)

1.168
im weiteren Sinne (Kinderpornografie, Cyber-Mobbing, Drogenhandel usw.)
offences in the broader sense (child pornography, cyber-bullying, drug trade etc.)

Namhaft in und aus Kärnten
Big names in and from Carinthia

Diese Kärntner*innen kennt man einfach. / These Carinthians are known far beyond the region.

ARCHITEKTUR
ARCHITECTURE

Günther Domenig
Architekt / Architect

Roland Rainer
Architekt / Architect

KULINARIK
CUISINE

Wolfgang Puck
Starkoch / Celebrity chef

Sissy Sonnleitner
Sterneköchin / Celebrity chef

Lisa Wieland
Starköchin / Celebrity chef

KUNST
ART

Bella Ban
Malerin, Plastikerin, Café Om
Painter, sculptor, Café Om

Manfred Bockelmann
Maler und Fotograf / Painter and photographer

Ines Doujak
Künstlerin / Artist

Bruno Gironcoli
Maler und Bildhauer / Painter and sculptor

Angelika Kaufmann
Illustratorin / Illustrator

Elisabeth Kmölniger
Comiczeichnerin, -autorin, Fotografin, Buchillustratorin
Comic artist and author, photographer, book illustrator

Suse Krawagna
Malerin / Painter

Elli Riehl
Puppenmacherin / Puppetmaker

Hans Schabus
Künstler / Artist

Carinthia West
Fotografin, Journalistin, Schauspielerin
Photographer, journalist, actress

WAHLKÄRNTNER*INNEN
CARINTHIANS BY CHOICE

Armin Assinger
Skirennläufer, Moderator
Ski racer, presenter

Carl Auer von Welsbach
Erfinder (der Glühbirne) / Inventor (light bulb)

Alois Brandstetter
Schriftsteller / Writer

Kiki Kogelnik
Künstlerin / Artist

Gretl Komposch
Komponistin und Chorleiterin
Composer and choir director

Paracelsus
Arzt, Alchemist / Physician, alchemist

Maria Schell
Schauspielerin / Actress

Franz Xaver Freiherr von Wulfen
Jesuit und Botaniker / Jesuit and botanist

MUSIK
MUSIC

Thomas Koschat
Komponist / Composer

Lukas Kranzelbinder
Jazzmusiker / Jazz musician

Penny McLean (Gertrude Wirschinger)
Sängerin, Sachbuchautorin
Singer, non-fiction writer

Karlheinz Miklin
Jazzmusiker / Jazz musician

Melissa Naschenweng
Volksmusik- und Schlagersängerin
Folk and pop music singer

Nik P.
Schlagersänger / Pop music singer

Wolfgang Puschnig
Jazzmusiker / Jazz musician

Ingolf Wunder
Pianist / Pianist

Carinthia West:
Foto Mick Jagger

Kiki Kogelnik:
Maske / Mask

UNTERHALTUNG & MEDIEN
ENTERTAINMENT & MEDIA

Elisabeth Engstler
Fernsehmoderatorin, Sängerin
TV presenter, singer

Edi Finger senior
Sportreporter / Sport reporter

Antonia Gössinger
Journalistin / Journalist

Hannes Jagerhofer
Unternehmer, Marketing-, Event- und PR-Manager
Entrepreneur and marketing, event and PR manager

Dagmar Koller
Sängerin, Tänzerin, Schauspielerin
Singer, dancer, actress

Martin Kušej
Theaterregisseuer, Intendant
Theatre director and manager

Juergen Maurer
Schauspieler / Actor

Max Müller
Schauspieler, Sänger (Bariton)
Actor, singer (baritone)

Amira Pocher
Moderatorin / Presenter

Arnulf Prasch
Moderator / Presenter

Antonia Rados
Journalistin / Journalist

Hosea Ratschiller
Autor, Schauspieler / Author, actor

Otto Retzer
Schauspieler, Regisseur / Actor, film director

Anneliese Rohrer
Journalistin / Journalist

Melanie Scheriau
Model, Fernsehmoderatorin
Model, TV presenter

Cornelia Vospernik
Fernsehjournalistin / TV journalist

SPORT

Alexander Antonitsch
Tennisspieler, Sportkommentator
Tennis player, sport commentator

Kurt Diemberger
Bergsteiger / Mountain climber

Anna Gasser
Snowboarderin / Snowboarder

Stephanie Graf
Leichtathletin / Track & field athlete

Heinrich Harrer
Bergsteiger, Forschungsreisender
Mountain climber, explorer

Tanja Hausott, geb. / née Schett
Fußballschiedsrichterin
Football referee

Gerda Hofstätter-Gregerson
Poolbilliardspielerin / Pool player

7x Karoline Käfer
Leichtathletin / Track & field athlete

2x Andy Kainz
Profitänzer / Professional dancer

Magdalena Lobnig
Ruderin / Rower

5x Christian Mayer
Skirennläufer / Ski racer

3x Helmut Mayer
Skirennläufer / Ski racer

4x Matthias Mayer
Skirennläufer / Ski racer

6x Thomas Morgenstern
Skispringer / Ski jumper

6x Jasmin Ouschan
Poolbilliardspielerin / Pool player

Erik Schinegger
Skirennläufer / Ski racer

Marco Schwarz
Skirennläufer / Ski racer

Horst Skoff
Tennisspieler / Tennis player

WISSENSCHAFT
SCIENCE

Lore Kutschera
Botanikerin / Botanist

Konrad Paul Liessmann
Philosoph / Philosopher

Angela Piskernik
Botanikerin, Naturschützerin
Botanist, conservationist

Erwin Ringel
Psychologe / Psychologist
Buch / Book: „Die Kärntner Seele" (1988)

Paul Watzlawick
Psychologe, Philosoph, Kommunikationswissenschaftler, Autor
Psychologist, philosopher, communication theorist, author

HEILIGE
SAINTS

Hemma von Gurk
Kärntner Landesmutter
"Mother" of Carinthia

Nonnosus von Molzbichl
„Der nicht zu Gebrauchende"
"The no good"

Hl. Josef
Kärntner Landespatron
Patron saint of Carinthia

Hildegard von Stein

Modestus von Kärnten

Anna Gasser:
Cab Double Cork 1260

Besitzt über 70 Gastronomiebetriebe weltweit („Spago" u. a.). / Owns over 70 restaurants worldwide ("Spago" etc.).

Gestaltete Österreich-Pavillon auf Biennale di Venezia 2005. / Designed the Austrian Pavilion at the 2005 Biennale di Venezia.

Kärntnerin mit dem schönsten Vornamen, Tochter des Kommandanten der Britischen Besatzungstruppen in Kärnten, lebt in UK. Carinthian woman with the best first name, daughter of the commander of the British occupation forces in Carinthia, lives in the UK.

Lebte ca. 38 Jahre in Kärnten. Lived in Carinthia for around 38 years.

„Tooor, Tooor, Tooor, Tooor, Tooor, Tooor! I wer' narrisch!" / "Goal, goal, goal, goal, goal, goal! I'm going crazy!" (Cordoba 1978)

Weltmeisterin (2017), Gold bei Olympia (2018, 2022) / World champion (2017), Olympic gold medals (2018, 2022)

Silber bei Olympia 2000: 800-m-Lauf Olympic silver medal in 2000: 800 metres

Mitglied der Hall of Fame des Billiard Congress of America / Member of the Hall of Fame of the Billiard Congress of America

400 m in 50,62 Sek. – aktueller und ältester (1977) Leichtathletik-Rekord Österreichs 400 m in 50.62 sec. – Austria's standing and oldest (1977) track & field record

„Dancing Stars"-Sieger "Dancing Stars" winner

Silber bei Olympia 1988: Super-G Olympic silver medal in 1988: Super-G

Gold bei Olympia 2014, 2018, 2022: Abfahrt bzw. Super-G / Olympic gold medals in 2014, 2018, 2022: Downhill and Super G

Gold bei Olympia 2006 & 2010 Olympic gold medals in 2006 & 2010

Vielfache Europameisterin European champion many times over

Als Erika Schinegger Abfahrts-Weltmeisterin 1966 World champion in Downhill in 1966 as Erika Schinegger

Silber bei Olympia 2018: Mannschaft; Weltmeister 2021: Alpine Kombination Olympic silver medal in 2018: Team; world champion in 2021: Alpine Combination

Kärntner Sportler*in des Jahres Carinthian Athlete of the Year

2.222 Jahre Kärnten im Zeitraffer

2,222 years of Carinthia in fast motion

Kärnten auf dem Weg durch die Jahrhunderte – ein Parcours
Carinthia through the centuries – a brief tour

200 v. Chr. / BCE

Das heutige Kärnten ist Teil des neu gebildeten Königreichs Noricum.
What is today called Carinthia is part of the newly founded Celtic kingdom of Noricum.

100 v. Chr. / BCE

Siedlung auf dem Magdalensberg wird Umschlagplatz für den Handel mit den Römern.
The settlement on the Magdalensberg becomes a centre for trade with the Romans.

0

Teurnia wird zu einer der größten Städte im norischen Raum.
Teurnia becomes one of the largest cities in Noricum.

100

Kärntner Raum wird als Teil der röm. Provinz Noricum romanisiert. Hauptstadt: Virunum / The territory of Carinthia is romanised as part of the Roman province of Noricum. Capital: Virunum

200

Nach den Markomannenkriegen verliert der Kärntner Raum etwas an Bedeutung. / After the Marcomannic Wars, the Carinthian region declines in importance somewhat.

300

Unter Kaiser Diokletian wird Kärnten Teil von Binnennoricum.
Under Emperor Diocletian, Carinthia becomes part of Noricum mediterraneum.

400

Virunum und Teurnia werden Bischofssitze (Christianisierung).
Virunum and Teurnia become episcopal sees (Christianisation).

500

Frühchristliches Pilgerzentrum auf dem „Iunberg“ (Hemmaberg bei Globasnitz)“
An early Christian pilgrimage site grows up on the “Iunberg” (Hemmaberg near Globasnitz).

600

Awaren und Slawen besiedeln Kärnten.
Avars and Slavs settle in Carinthia.

700

Karantaner etablieren slawisches Fürstentum am Fuße des Ulrichsbergs (Karnburg). / Carantanians establish a Slavic principality at the foot of the Ulrichsberg (Karnburg).

800

803 **Karl der Große besiegt die Awaren (791 bzw. 796) und errichtet karolingische Ostmark und die Mark Karantanien.** / Charlemagne defeats the Avars (in 791 and 796) and establishes the Carolingian Eastern March and the March of Carantania.

900

ca. 850 ***Arnulf von Kärnten – später Markgraf von Karantanien und römisch-deutscher Kaiser** / Birth of Arnulf of Carinthia – later Margrave

Teile Karantaniens leiden unter vordringenden Ungarn.
Parts of Carantania are invaded by Hungarians.

1000

Carinthia becomes the first duchy on Austrian soil.

1012 **Mit Adalbero übernehmen die Eppensteiner bis 1122 die Herzogwürde.** / Under Adalbero, the Dukes of Eppenstein take over, who will rule until 1122.

1043 **Hemma von Gurk (ca. 980–1045) stiftet ein Nonnenkloster in Gurk, 1938 heiliggesprochen, Landespatronin Kärntens.** Hemma von Gurk (ca. 980–1045) founds a convent in Gurk. She is later canonised in 1938 as the patron saint of Carinthia.

1100

1122 **Spanheimer (rheinfränkische Dynastie) als Herzöge in Kärnten** The Spanheim dukes (originating from Rhenish Franconia) rule in Carinthia.

1161 **Erstmals urkundlich erwähnt: Fürstenstein und Herzogstuhl (Zeremoniell der Machtübergabe an den neuen Landesherrn)** The Prince's Stone and Duke's Seat are first documented in a ceremonial act for transferring power to the new provincial sovereign.

1200

1214 **Walther von der Vogelweide in St. Veit an der Glan (damals Hauptstadt Kärntens)** / Walther von der Vogelweide in St. Veit an der Glan (then the capital of Carinthia)

1250 **Herzog Bernhard von Spanheim verlegt den Kern des Marktes Klagenfurt auf das Areal des heutigen Alten Platzes.** Duke Bernhard von Spanheim moves the core of the Klagenfurt market to the area of today's Old Square.

1300

1335 **Kärnten wird mit Krain, Österreich und Steiermark vereint und kommt an die Habsburger.** / Carinthia is united with Carniola, Austria and Styria under the Habsburgs.

1348 **Erdbeben mit gewaltigem Bergsturz am Dobratsch. Pest entvölkert in Kärnten ganze Landstriche.** An earthquake in the Dobratsch mountains sets off a huge landslide. Plague depopulates great swaths of Carinthia.

1400

1473-1483 **Türken fallen fünfmal in Kärnten ein.** Turks invade Carinthia five times.

1485/86 **Paolo Santonino beschreibt in seinem „Itinerarium" zwei Reisen durch Kärnten.** / Paolo Santonino describes two journeys through Carinthia in his "Itinerarium".

1500

1502 **„Jüngling vom Magdalensberg" (römerzeitliche Bronzestatue) wird gefunden.** / The "Youth of Magdalensberg" is found (a bronze statue from the Roman period).

1518 **Kaiser Maximilian I. schenkt das 1514 abgebrannte Klagenfurt den Landständen.** / After Klagenfurt burns down in 1514, Emperor Maximilian I cedes it to the provincial estates.

1600

1604 **Das mittlerweile fast zur Gänze protestantische Kärnten wird vom „Ketzerhammer" Bischof Martin Brenner von Seckau mit gewaltsamen gegenreformatorischen Maßnahmen überzogen.** / Carinthia, by now almost entirely Protestant, is subjected by Bishop Martin Brenner of Seckau, the "Hammer of Heretics", to violent Counter-Reformation measures.

1662 **Fürst Ferdinand von Porcia kauft das anschließend nach ihm benannte Schloss in Spittal an der Drau** / Prince Ferdinand von Porcia buys the castle in Spittal an der Drau that subsequently bears his name.

1700

1728 **Kaiser Karl VI. empfängt als letzter habsburgischer Herrscher in Klagenfurt die Erbhuldigung der Kärntner Stände.** The act of hereditary homage of the Carinthian estates is held in Klagenfurt for Emperor Charles VI, the last Habsburg ruler.

1765 **Maria Theresia besucht die Landeshauptstadt Klagenfurt.** Maria Theresa visits the provincial capital of Klagenfurt.

1800

1809 **Franzosenkriege: Oberkärnten mit Villach von Kärnten abgetrennt und Teil der „Illyrischen Provinzen" Napoleons** Napoleonic Wars: Upper Carinthia with Villach is split off from Carinthia as part of Napoleon's "Illyrian Provinces".

1856 **Kaiser Franz Joseph und Gattin Elisabeth besuchen Kärnten.** Emperor Franz Joseph and his wife Elisabeth visit Carinthia.

1900

1901 **1. Telefongespräch zwischen Klagenfurt und Villach** 1st telephone call between Klagenfurt and Villach

1987 **Schussattentat auf Landeshauptmann Leopold Wagner** Assassination attempt on Governor Leopold Wagner

2000

2004 **Kärntens Südgrenze ist seit EU-Beitritt Sloweniens nicht mehr EU-Außengrenze.** After Slovenia joins the EU, Carinthia's southern border is no longer an external EU border.

2022 **„Total alles über Kärnten" erscheint.** / "The Complete Carinthia" is published.

111 Jahre Kärnten im Vorübergehen
111 years of Carinthia in passing

Der letzte Teil der langen Geschichte Kärntens – was alles (auch) wichtig war.
The last part of the long history of Carinthia – other important events.

1911 6.5. **Erste elektrische Straßenbahn in Klagenfurt geht in Betrieb.**
First electric streetcar in Klagenfurt goes into operation.

1915 23.5. **Kärnten liegt entlang der Julischen und Karnischen Alpen an der Außenfront des Ersten Weltkriegs.** / The Julian and Carnic Alps in Carinthia become an external front in the Second World War.

1918 5.12. **Kärntner Abwehrkampf: Bewaffneter Widerstand gegen Besetzung slowenischsprachiger Gebiete durch das SHS-Königreich beginnt.**
Austro-Slovene conflict: Armed resistance against occupation of Slovene-speaking territories by the Kingdom of SHS begins.

1920 10.10. **Kärntner Volksabstimmung: Die Bevölkerung Südkärntens stimmt mehrheitlich für Verbleib bei Österreich.** / Carinthian plebiscite: The majority of the population of southern Carinthia votes to remain part of Austria.

1921 **Die Kärntnerin Marie Tusch ist unter den ersten acht weiblichen Abgeordneten zum Nationalrat der Ersten Republik.** / The Carinthian Marie Tusch is among the first eight female members of the National Council of the First Republic.

1924 **Radio-Verkehrs-AG (RAVAG) nimmt Sendebetrieb in Klagenfurt auf.**
Radio-Verkehrs-AG (RAVAG) begins broadcasting in Klagenfurt.

1929 **Der Kärntner Hermann Knaus beschreibt erstmals die fruchtbaren und unfruchtbaren Tage im Zyklus der Frau.** / The Carinthian Hermann Knaus is the first to describe the fertile and infertile days in a woman's menstrual cycle.

1930 **Anton Koligs Fresken im Klagenfurter Landhaus lösen Skandal aus. Sie werden später von Nazis zerstört.** / Anton Kolig's frescoes in the Klagenfurt Landhaus cause a scandal. They are later destroyed by the Nazis.

1931 **Nationalsozialisten erzielen starke Zugewinne bei Gemeinderatswahlen.**
Nazis make strong gains in local council elections.

1933 **Kärntner Landesgalerie in Klagenfurt (später Museum Moderner Kunst) wird eröffnet.** / The Carinthian Provincial Art Gallery (later the Museum of Modern Art) in Klagenfurt opens.

1938 4.4. **Adolf Hitler besucht erstmals Kärnten.**
Adolf Hitler visits Carinthia for the first time.

1942 **Radikale Aussiedlungs- bzw. Assimilierungspolitik der Nationalsozialisten verstärkt Zustrom zur Partisanenbewegung.**

1968 **Kohlebergbau im Lavanttal eingestellt.**
Coal mining in the Lavant Valley discontinued.

1969 **Musikfestival „Carinthischer Sommer" im Stift Ossiach gegründet.**
First "Carinthian Summer" music festival at Ossiach Abbey

1970 **Nationalratsbeschluss für Gründung einer Hochschule in Klagenfurt – heute Alpen-Adria-Universität** / National Council resolution is passed for founding a university in Klagenfurt – today Alpen-Adria University

1972 **Deutschnational gesinnte Kärntner demontieren zweisprachige Ortstafeln.**
Carinthians with German nationalist leanings dismantle bilingual place name signs.

1978 **Eisenerzabbau in Hüttenberg eingestellt.**
Iron ore mining in Hüttenberg discontinued.

1979 18.9. **Mitglieder der jugoslawischen Geheimpolizei verüben Terroranschlag auf Völkermarkter Rathaus.** / Members of the Yugoslav secret police carry out a terrorist attack on the Völkermarkt town hall.

1988 **Peter Ambrozy (SPÖ) folgt als Landeshauptmann Leopold Wagner nach, der 1987 bei Schussattentat schwer verletzt wurde.**
Peter Ambrozy (SPÖ) succeeds Leopold Wagner as governor after the latter is seriously injured in a shooting attack in 1987.

1989 **FPÖ wird bei Landtagswahlen erstmals zweitstärkste Partei und koaliert mit ÖVP: Jörg Haider wird Landeshauptmann.** / The FPÖ is the second-strongest party in federal state elections for the first time and forms a coalition with the ÖVP; Jörg Haider becomes governor.

1991 **Jörg Haider wird aufgrund seiner Aussagen zur „ordentlichen Beschäftigungspolitik" im Dritten Reich abgewählt.**
Jörg Haider is voted out of office due to his statements on the "proper employment policy" in the Third Reich.

1995 **Stadt Klagenfurt und Musikforum Viktring gründen Gustav-Mahler-Kompositionspreis.**
The City of Klagenfurt and Musikforum Viktring inaugurate the Gustav Mahler Composition Prize.

1998 **Gipfeltreffen der EU-Staats- und Regierungschefs in Pörtschach am Wörthersee**
Summit meeting of EU heads of state held in Pörtschach on Lake Wörth

1999 **FPÖ erreicht erstmals Mehrheit im Landtag, Jörg Haider wird erneut Landeshauptmann.**

1944 **Luftangriffe führen in Villach und Klagenfurt zu schweren Bombenschäden.** / Air raids cause heavy damage in Villach and Klagenfurt.

1945 8.5. **Ende des 2. Weltkrieges; Kärnten wird Teil der britischen Besatzungszone.** / End of Second World War; Carinthia becomes part of the British occupation zone.

1946 **Edith von Kleinmayr eröffnet in Klagenfurt eine Kunstgalerie.**
Edith von Kleinmayr opens an art gallery in Klagenfurt.

1947 **Landeshauptmann Hans Piesch muss aufgrund seiner NS-Vergangenheit zurücktreten.** / Governor Hans Piesch has to resign because of his Nazi past.

1948 **Magdalensberg: Beginn systematischer archäologischer Grabungen**
Magdalensberg: start of systematic archaeological excavations

1949 **Siegermächte einigen sich auf die Beibehaltung der alten Grenzen Kärntens.**
The victorious powers agree to retain the old borders of Carinthia.

1951 **1. Fernheizkraftwerk Österreichs geht in Klagenfurt in Betrieb.**
1st district heating plant goes into operation in Klagenfurt.

1955 **Britische Besatzungstruppen verlassen Kärnten.**
British occupation troops leave Carinthia.

1956 **Giselbert Hokes Klagenfurter Bahnhofsfresken lösen Protestwelle aus.**
Giselbert Hoke's frescoes in Klagenfurt Station trigger a wave of protest.

1960 **Nassfeld wird für Wintersport erschlossen.**
Nassfeld is developed for winter sports.

1966 **Größte Hochwasser des Jahrhunderts im Drau- und Gailtal** / Worst floods of the century in the Drava and Gail valleys

2003 **In St. Veit an der Glan wird Festival alter Musik, „Trigonale" gegründet.**
The "Trigonale" early music festival is founded in St. Veit an der Glan

2007 **Streit zwischen Kärnten und Slowenien um 2.000 Jahre alten Fürstenstein und dessen identitätsstiftende Symbolwirkung** / Dispute between Carinthia and Slovenia over 2,000-year-old Prince's Stone as symbol of identity

2008 11.10. **Unfalltod von Landeshauptmann Jörg Haider**
Governor Jörg Haider dies in a car accident.

2009 1.3. **BZÖ gewinnt Landtagswahlen, Gerhard Dörfler wird Landeshauptmann.**
The BZÖ party wins the state elections; Gerhard Dörfler becomes governor.

2011 26.4. **Einigung auf 164 zweisprachige Ortstafeln in Kärnten**
Agreement on 164 bilingual place name signs in Carinthia

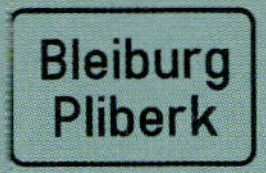

2013 3.3. **SPÖ gewinnt Landtagswahlen, Peter Kaiser wird Landeshauptmann.**
The SPÖ party wins the state elections; Peter Kaiser becomes governor.

2014 **Banklizenz der Hypo Alpe Adria Bank erlischt.**
The Hypo Alpe Adria Bank loses its licence.

HYPO GROUP ALPE ADRIA

2019 **Peter Handke erhält Nobelpreis für Literatur.**
Peter Handke receives the Nobel Prize for Literature.

2020 10.10. **Mit Borut Pahor nimmt erstmals ein slowenisches Staatsoberhaupt an einer 10.-Oktober-Feier teil.**
Borut Pahor is the first Slovenian head of state to take part in a 10th October celebration.

2021 **Beginn der großen Impfaktion gegen das Coronavirus**
Launch of a major vaccination campaign against the coronavirus

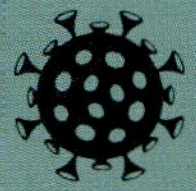

2022 **„Total alles über Kärnten" erscheint.**
"The Complete Carinthia" is published.

Hintn nåch no wås Siaß*
Afterwards something sweet

Ursprünglich eine Festtagsspeise, schmeckt der Kärntner Reindling das ganze Jahr.
Originally a festive dish, Carinthian Reindling tastes good all year round.

Eingerollter, dem Gugelhupf ähnlicher Napfkuchen aus Germteig, enthält meist Zucker, Rosinen, Zimt und Nüsse.
A rolled yeast cake similar to Gugelhupf or Bundt cake, usually with sugar, raisins, cinnamon and nuts.

Original ohne Loch in der Mitte, schmeckt aber auch mit.
Originally without a hole in the middle, but still tastes good anyway.

„Rein(d)ling", weil ursprünglich „im Reindl", „in der Rein" gebacken (runde Kuchenform aus Metall oder Keramik, oft mit christlichen Symbolen verziert)
"Rein(d)ling", because originally baked in a "Reindl" or "Rein" (round metal or ceramic cake tin, often decorated with Christian symbols)

16. JH. / 16th CENTURY

Lange Tradition
Long tradition

1910

1. Rezept im Kochbuch von Maria Ortner (Wirtin, Bad Kleinkirchheim)
1st recipe in Maria Ortner's cookbook (innkeeper in Bad Kleinkirchheim)

HOCHSAISON / PEAK SEASON

- **Ostern: Teil der Osterjause, Geschenk der Taufpaten**
  Easter: part of the Easter meal, gift from godparents
- **Kirchtage: zur Kirchtagssuppe (süß-salziges Geschmacksduett = Kärntner Eigenart)**
  Church festivals: served with Festival Soup (sweet plus salty = typical of Carinthia)

KÄRNTNER VERWANDTE / CARINTHIAN RELATIVES

Zuckerreinkale:
Miniversion ohne Rosinen mit dicker Zuckerglasur
mini version without raisins but with thick sugar glaze

Schmalzreinkale:
ungesüßte Miniversion mit Schmalz-Geschmack
unsweetened mini version with lard taste

Eisrein(d)ling:
gefrorene, feine Parfaitmasse mit Reindling-Fülle
fine frozen parfait with Reindling filling

*** Hinterher noch etwas Süßes**

BEZEICHNUNGEN
DIFFERENT NAMES

Slowenisch / Slovenian:
Pohača, Pogača, Phača

nach Mehlsorte / by flour type:

- ***W(o)azanrein(d)ling, Wazan*** **(Weizenmehl** / wheat flour**)**
- ***Tiaknrein(d)ling*** **(Maismehl** / cornmeal**)**

nach Backform / by baking tin:

- ***Schart(e)l*** **(Gailtal …): „Scharte" = mhd. flache Röstpfanne** / Middle High German: flat roasting pan
- ***Schirbling, Schirblan*** **(Lavanttal …): „Schirbe", „Scherbe" = alter Name einer Backform** / old name for a baking tin

nach Anlass / by occasion:

- ***Weichnrein(d)ling:*** **für Weihkorb zur Osterweihe** for Easter votive basket
- ***Gotenrein(d)ling:*** **Patengeschenk zu Ostern** Easter gift from godparents
- ***Wanderrein(d)ling:*** **anlässlich Dienstbotenwechsel zu Lichtmess (2.2.)** for servants leaving their employer at Candlemas (2 Feb.)
- ***Hochzeitsrein(d)ling:*** **Fülle aus Dörrfrüchten** for weddings, filled with dried fruit
- ***Osterrein(d)ling:*** **meist weniger süß gefüllt** filling usually less sweet
- ***Weihnachtsrein(d)ling:*** **Kletzenfülle (gedörrte Birnen)** / dried pear filling

STANDARDREZEPT / STANDARD RECIPE

Daneben haben viele Familien ihr eigenes Rezept. Fülle wechselt nach Anlass.
But many families have their own recipe. Filling changes with the occasion.

GERMTEIG / YEAST DOUGH
500 g Mehl / flour
20 g Germ / yeast
75 g Butter / butter
250 ml Milch / milk
1 Ei / egg
1 Eidotter / egg yolk
50 g Zucker / sugar
1 TL / teaspoon **Salz** / salt

FÜLLE / FILLING
50 g Butter / butter
100 g Zucker / sugar
2 EL / tablespoon **Zimt** / cinnamon
100 g *Weimpalan* (Rosinen) / raisins

Butter für die Form / butter for the tin

ZUBEREITUNG / PREPARATION
Germteig zubereiten / Prepare yeast dough
aufgehen lassen, durchkneten / Let rise, knead
1 cm dick ausrollen / Roll out 1 cm thick
mit zerlassener Butter, Zucker, Zimt und ev. Rosinen bestreuen / Sprinkle with melted butter, sugar, cinnamon and, if desired, raisins
fest zusammenrollen / Tightly roll up
schneckenförmig in eine gut gebutterte Form legen / Place in a snail shape in a well-buttered tin
bei 180° backen / Bake at 180°

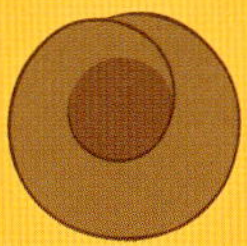

VERWANDTE IM ALPE-ADRIA-RAUM
RELATIVES IN THE ALPS-ADRIA REGION

Gubana, Gubanca **(slow.** / Slov.**),** ***Gubane*** **(friulanisch** / Friulian**)**
Potitze, Potica **(slow.** / Slov.**)**
Gibanica **(slow.** / Slov.**)**

Quellen / References

8
Eigene Recherche / *The authors' own research*

10
Eigene Recherche / *The authors' own research*

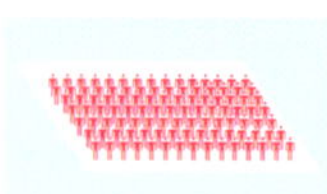

12
Statistisches Handbuch des Landes Kärnten / *Statistical Handbook of Carinthia* • wibis.kwf.at • Statistik Austria • www.wko.at/service/zahlen-daten-fakten/start.html

14
Statistisches Handbuch des Landes Kärnten / *Statistical Handbook of Carinthia* • Statistik Austria • www.ktn.gv.at • kaernten.orf.at

16
maps.google.com • maps.apple.com • onlinestreet.de • www.viamichelin.de

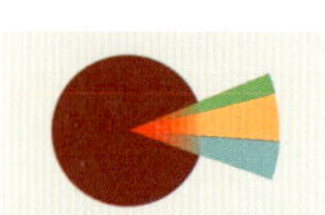

18
wibis.kwf.at

20
kis.ktn.gv.at/seen/kaerntner-seen • Statistisches Handbuch des Landes Kärnten / *Statistical Handbook of Carinthia*

22
Statistisches Handbuch des Landes Kärnten / *Statistical Handbook of Carinthia* • Statistik Austria • Bundesforschungszentrum für Wald • www.proholz.at

24
www.exportoffensive-ktn.at • Statistik Austria • Eigene Berechnung (des langjährigen Durchschnitts) / *The authors' own calculations (long-term averages)*

26
wibis.kwf.at • www.exportoffensive-ktn.at • Statistik Austria

28
Setz, Helga: Die Kärntner Küche • Bundesministerium Landwirtschaft, Regionen und Tourismus / *Federal Ministry of Agriculture, Regions and Tourism* • www.anitaaufreisen.at/blog

30
www.alpenverein.at • peakvisor.com • www.deine-berge.de • www.antenne.at/kaernten/wanderchallenge-132-gipfel • Wikipedia

32
Statistisches Handbuch des Landes Kärnten / *Statistical Handbook of Carinthia* • Statistik Austria • Österreichischer Imkerbund • www.knt.gv.at • www.wwf.at • www.kärntner-fischerei.at • www.birdlife.at • www.oekoteam.at • www.woerthersee.com

34
Weiss, W.M.: Dumont Reise-Taschenbuch Kärnten • Buck, D.: Kärnten. Das große Reisehandbuch • www.mittelmeerflora.de • www.alpengarten-villach.at • landesmuseum.ktn.gv.at • www.ktn.gv.at • www.kleinezeitung.at • kaernten.orf.at

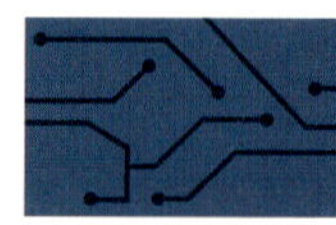

36
Websites der Institutionen und Firmen / *Institution and company websites* • www.carinthia.com • www.babeg.at • www.feei.at • www.newbusinessnews.at

38
www.boef.at/kaernten • villacher fasching.at • www.visitvillach.at

40
Statistisches Handbuch des Landes Kärnten / *Statistical Handbook of Carinthia* • www.ktn.gv.at • www.kaernten.a (Status vor der Corona-Pandemie *Status before the COVID-19 pandemic*)

42
www.minimundus.at • www.kleinezeitung.at

44
Statistisches Handbuch des Landes Kärnten / *Statistical Handbook of Carinthia* • Statistik Austria • www.CaRINDthia.at • World Wide Web

46
www.aau.at • www.gmpu.ac.at • www.ph-kaernten.ac.at • www.fh-kaernten.at • Statistisches Handbuch des Landes Kärnten / *Statistical Handbook of Carinthia* • Statistik Austria

48
Statistisches Handbuch des Landes Kärnten / *Statistical Handbook of Carinthia* • strassenbau.ktn.gv.at • gis.ktn.gv.at • www.radbox-kaernten.at

50
forebears.io/austria/carinthia/surnames • Eigene Recherche / *The authors' own research*

52
Schönet, B. / Staudinger, G.: Sprechen Sie Kärntnerisch?

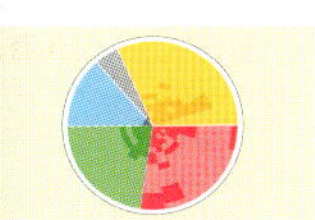

54
Websites der Einrichtungen / *Institution websites*

56
Websites der Organisationen / *Organisation websites* • www.hermagoras.at • www.mohorjeva.at • www.ktn.gv.at

58
www.kaernten.at • veranstaltungen.kaernten.at/events • www.meinbezirk.at • www.kleinezeitung.at • www.issgesund.at

60
www.feuerwehr-ktn.at • www.berufsfeuerwehr.at • Statistisches Handbuch des Landes Kärnten / *Statistical Handbook of Carinthia*

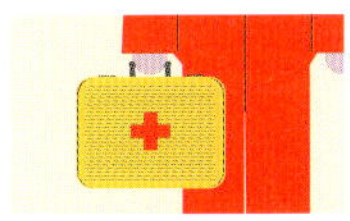

62
www.roteskreuz.at • www.kaernten.bergrettung.at • www.oewr-kaernten.at • Statistisches Handbuch des Landes Kärnten / *Statistical Handbook of Carinthia*

64
www.weitwanderwege.com • www.bergfex.at • www.alpenvereinaktiv.com • www.bergwanderfuehrer-kaernten.at • World Wide Web • Eigene Berechnungen / *The authors' own calculations*

66
Kärntner Jägerschaft • Statistik Austria

68
Meyster, M.: Udo Jürgens – Sein Leben seine Erfolge • austriancharts.at • austria-forum.org

70
Statistik Austria • Amt der Kärntner Landesregierung – Landesstelle für Statistik / *Carinthian Office of Statistics* • Google Maps

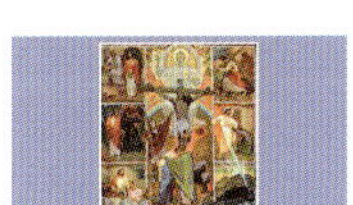

72
www.kath-kirche-kaernten.at • geschichtsverein.ktn.gv.at • www.mein-sonntag.at

74
www.saengerbund.com • www.volkskultur-kaernten.at • www.musiklinks.at • austria-forum.org/af/Wissenssammlungen/Symbole/Kärnten_Landeshymne • www.wienerzeitung.at

76
www.villacherkirchtag.at • www.bauerngman.at • www.meinbezirk.at • www.5min.at

78
Deuer, W.: Burgen und Schlösser in Kärnten • Hopfmüller, G. / Hlavac, F.: 111 Orte in Kärnten die man gesehen haben muss • www.burg-hochosterwitz.com • www.burgbau.at • www.burgenwelt.org • www.wehrbauten.at • www.burgen-austria.com

80
www.ktn.gv.at/Verwaltung/Gemeinden/Gemeindeliste • Websites der Gemeinden / *Municipal websites* • Wikipedia

82
Lattacher, W.: So ist's Brauch in Kärnten • www.kaernten.at • www.gruess-gott.eu

84
Lattacher, W.: So ist's Brauch in Kärnten • Walcher, M. / Weinlich, E. A.: Ein Erbe für alle – 103 Traditionen aus Österreich • www.heimatwerk-kaernten.at • www.austria-forum.org • www.kath-kirche-kaernten.at • World Wide Web

86
sport.ktn.gv.at • Websites der Sportstätten und Verbände / *Sport venue and association websites*

88
Wikipedia • www.badkleinkirchheim.at • www.zeit.de • www.news.at • https://all.accor.com/hotel/A583/index.de.shtml

90
Websites der Autor*innen / *Authors' websites* • www.literaturhaus.at • kultur.klagenfurt.at • www.slolit.at • Wikipedia

92
bachmannpreis.orf.at • juniorbachmann.ibg.ac.at • www.3sat.de • www.visitklagenfurt.at • pingeb.org • Wikipedia

94
Rupperti, E.: Kärnten für Schlaue • artfacts.net • www.dorotheum.com/de • www.galerie-albertina.at/kuenstler • Websites der Künstler*innen und div. Museen / *Artist and museum websites*

96
Eigene Recherche / *The authors' own research* • World Wide Web

98
Websites der Panoramastraßen / *Panoramic roads websites* • www.kleinezeitung.at • www.salzburgerland.com

100
Landespolizeidirektion Kärnten (E-Mail-Auskunft / *Information supplied by email)* • www.bundeskriminalamt.at • Statistisches Handbuch des Landes Kärnten / *Statistical Handbook of Carinthia*

102
Eigene Recherche / *The authors' own research* • World Wide Web

104
Schönet, B.; Schönet, G.: Eine kurze Geschichte Kärntens. Ereignisse, Persönlichkeiten, Jahreszahlen • World Wide Web

106
Schönet, B.; Schönet, G.: Eine kurze Geschichte Kärntens. Ereignisse, Persönlichkeiten, Jahreszahlen • World Wide Web

108
Setz, H.: Die Kärntner Küche • www.nicolerichter.eu • Bundesministerium Landwirtschaft, Regionen und Tourismus / *Federal Ministry of Agriculture, Regions and Tourism* • www.kaernten.at • www.servus.com